Die redende All-Einheit

Das Wort des Universalen Schöpfergeistes

W0232984

DIE REDENDE ALL-EINHEIT

Das Wort des Universalen Schöpfergeistes

Ein kosmisches Lehr- und Lernwerk
aus der Schule der Göttlichen Weisheit

Aus Gesprächsrunden
mit Gabriele,
zusammengestellt von
Martin Kübli und Ulrich Seifert

Gabriele-Verlag
Das Wort

Der freie universale Geist
ist die Lehre der Gottes- und Nächstenliebe
an Mensch, Natur und Tieren

1. Auflage März 2013

© Gabriele-Verlag Das Wort GmbH
Der freie universale Geist ist die Lehre der
Gottes- und Nächstenliebe an Mensch, Natur und Tieren
Max-Braun-Str. 2, 97828 Marktheidenfeld
Tel. 09391/504-135, Fax 09391/504-133
Internet: www.gabriele-verlag.de

Druck: KlarDruck GmbH, Marktheidenfeld

Bildnachweis: Umschlag Erdkugel © freshidea/fotolia.com.
S. 336: © Per-Anders Pettersson/Corbis.
S. 337 und 343: © Jenny Matthews/In Pictures/Corbis.
S. 338 oben: © Viviane Moos/Corbis. S. 338 unten: © Les Stone/Sygma/Corbis
S. 339: © Karen Kasmauski/Corbis. S. 340: © Bettmann/Corbis.
S. 341 oben: © Peter Turnley/Corbis. S. 341 unten: © David Turnley/Corbis.
S. 342: © Alison Wright/Corbis.

ISBN 978-3-89201-352-5

Inhalt

Vorwort

Eine göttlich-prophetische Schau, mit unseren schlichten Worten der dreidimensionalen Welt wiedergegeben

Liebe Mitmenschen, in dem kosmischen Lehr- und Lernwerk „Die redende All-Einheit – Das Wort des Universalen Schöpfergeistes" lesen Sie Worte der Wahrheit, gegeben aus der ewigen Wahrheit, aus dem ewigen Leben, das siebendimensional ist.
Das Wort der Wahrheit umfasst Dimensionen, die unserem überwiegend materiell geprägten Denken meist verschlossen bleiben.

Jesus, der Christus, hat wahr gemacht, was Er vor 2000 Jahren der Menschheit verheißen hat, als Er sprach: *„Noch vieles habe Ich euch zu sagen, aber ihr könnt es jetzt nicht tragen. Wenn aber jener kommt, der Geist der Wahrheit, wird Er euch in die ganze Wahrheit führen."*
In Gesprächsrunden mit Gabriele, der Prophetin und Botschafterin Gottes in unserer Zeit, haben wir die Schilderungen ihrer Innenschau und ihr Wort auf Tonträgern aufgenommen. Soweit es uns möglich war, geben wir den Inhalt dieser

Gespräche hier in dem Buch „Die redende All-Einheit – Das Wort des Universalen Schöpfergeistes. Ein kosmisches Lehr- und Lernwerk aus der Schule der Göttlichen Weisheit" weiter. Es gibt Aufschluss über den Aufbau und das Wirken des allumfassenden mächtigen Schöpfungsgeschehens, vom Licht-Äther bis hin zum Aufbau des Wesenskerns aller Schöpfungswesen und der vollkommenen Seinsform Gottes.

Wir Menschen leben in den drei Dimensionen, die für uns meist das Maß aller Dinge sind, deshalb ist auch unsere Sprache von den drei Dimensionen geprägt. Worte werden von uns mit den unterschiedlichsten Inhalten gefüllt. So ist es auch mit dem Wort „Gott", mit dem in der Weltgeschichte weit mehr Unheil angerichtet wurde als Segen. Wenn in dem vorliegenden Buch von Gott die Rede ist, dann ist der Inhalt dieses Wortes nicht das institutionell geprägte Gottesbild eines strafenden Gottes, der sich in Geheimnisse hüllt, sondern vielmehr die allumfassende Ur-Intelligenz, die Schöpferkraft des Ewigen, die in universalen Gesetzmäßigkeiten in der ganzen Unendlichkeit wirkt.
Über Sein Wirken – „Die redende All-Einheit. Das Wort des Universalen Schöpfergeistes" – erhielten wir in den Gesprächsrunden bisher unbekannte

Einblicke, die in diesem einmaligen kosmischen Lehr- und Lernwerk lediglich „einen Blick durch den Türspalt" vermitteln.

Die Wahrheit Gottes, ausgedrückt mit unseren Worten, wird erst dann lebendig, wenn wir nicht gleich alles abtun, sondern sie Schritt für Schritt verstehen lernen, indem wir durch geistige Übungen zur Selbsterkenntnis finden, so dass wir erfassen, dass Gott die Wahrheit in uns ist und unsere Worte nur Schalen sind, in die der Ewige die Wahrheit gießt.

Wir werden unter anderem immer wieder über den göttlichen Wesenskern lesen, der das Ur-Herz im Urgrund unserer Seele ist. In all diesen Darlegungen sind wir angehalten, zu lernen, das Ewige Sein in uns zu erfassen und zu ergründen. Wir selbst sind gefragt, im Urgrund unserer Seele die raum- und zeitlose Ewigkeit zu erahnen und zu erkennen, wer oder was wirklich in der Tiefe unserer Seele pulsiert, nämlich das Ur-Herz der Ewigkeit, die Essenz des Reiches Gottes, von dem Jesus von Nazareth sinngemäß sprach: *„Das Reich Gottes ist inwendig in euch."*

Das Wort der Wahrheit führt uns in die Dimensionen der All-Kommunikation allen Seins, so dass es uns möglich wird, selbst zu erspüren, in welch mächtigem, vom Geist durchdrungenen kosmischen All-Leben wir eingebettet sind, aus dessen Wiege alles Leben hervorging und in dem der kleinste Baustein Teil der allumfassenden Schöpfung ist.

Schrittweise wird uns ein grundlegend anderer Zugang zum Leben in allem Sein eröffnet. Es wird uns bewusst, woher wir und alle Schöpfungswesen kommen und wohin wir letztlich gehen. Es ist eine allumfassende Schau, deren Inhalt sich dem erschließt, der sich für den allgegenwärtigen Geist des Lebens öffnet.

Jeder, der anhand dieses kosmischen Lehr- und Lernwerkes selbst den Weg beschreitet, um die Einheit allen Lebens in sich mehr und mehr zu erleben, steht oft fassungslos, ja hilflos vor der brutalen Ignoranz allem Leben gegenüber, die für die Mehrheit der Menschen zur Normalität, wenn nicht gar zum Lebenselixier geworden ist, weil sie sich mit ihrer Gedanken- und Sinneswelt den Zugang zum All-Leben, zu der redenden All-Einheit, dem Universalen Schöpfergeist, verschlossen hat.

Wer den Schulungstext nicht nur liest, sondern mit dem kosmischen Lehr- und Lernwerk arbeitet, indem er sich selbst mit einbezieht in die Darlegungen über die redende All-Einheit, der wird immer mehr feststellen, wie erschreckend weit wir Menschen uns von der All-Einheit entfernt haben, bis hin zu den manipulierten Kunstschöpfungen durch Menschenhand in der Tier- und Pflanzenwelt, die nicht dem Odem Gottes entspringen. Der Mensch verhält sich in der Natur als Fremdling, er hat sich vom Leben in allem Sein abgewendet.

Weil diese Einheit allen Lebens für uns so fremd geworden ist, bedarf es der Darlegung der vielen Facetten, die uns deshalb auch in Wiederholungen und vertiefenden Erläuterungen vermittelt werden. So sind in dem Text die Fragen und Antworten enthalten, die in Gesprächsrunden zu dem Thema entstanden sind. Erklärende Wiederholungen dienen in diesem kosmischen Lehr- und Lernwerk also der Vertiefung und dem besseren Verständnis des Lehrstoffes über die redende All-Einheit des Universalen Schöpfergeistes, die uns Menschen, beschämenderweise, erst wieder nahegebracht werden muss.

Doch wer dem Text aufmerksam folgt, den erfasst eine Ehrfurcht vor dem unablässig strömenden Gesetz Gottes, das die All-Einheit allen Seins beinhaltet. Es ist die Schönheit und Vollkommenheit der All-Intelligenz Gottes, die für uns im Bewusstsein der redenden All-Einheit des Universalen

Schöpfergeistes auch im materiellen Sein erkennbar wird. Wer den Pfad des Lernens beschreitet, der wird reichlich belohnt durch die Verfeinerung seines Empfindens der Schöpfung gegenüber, durch die zunehmende Wahrnehmung des Lebens in allem Sein. Er wird auch sich selbst finden und mehr und mehr in dem Bewusstsein leben, dass auch sein Leben Teil der redenden All-Einheit, des Wortes des Universalen Schöpfergeistes, ist. Dadurch wird es für ihn nach und nach selbstverständlich, andere Wesen nicht mehr zu schädigen, zu benutzen, auszubeuten oder zu knechten.

Die Goldene Lebensregel des Jesus von Nazareth, *„Was du willst, dass andere dir tun sollen, das tue du ihnen zuerst"* – für die heutige Zeit anders gesprochen: *„Was du nicht willst, dass man dir tu', das füg' auch keinem anderen zu"* – wird von ihm mit Leben erfüllt, das alle Seinsformen mit einbezieht.

Die Einheit der Schöpfung zu erleben und zu erfassen, dass alles, vom Kleinsten bis zum Größten, einer kosmischen Ordnung entspringt, die in der All-Intelligenz Gott ihren Ursprung hat, ist der größte Evolutionsschritt, dessen der Mensch fähig ist. Das ist die Grundlage aller friedlichen Entwicklung im Leben des Einzelnen, wie auch der gesamten Menschheitsfamilie, im Leben mit den Tieren und Pflanzen, mit der gesamten Natur und in der Beziehung zu allem Sein. Deshalb ist die Erkenntnis der redenden All-Einheit, des Wortes des Universalen Schöpfergeistes, auch die Hoffnung für die Erde, auf der eine Menschheit heranwächst, die im Bewusstsein der kosmischen Einheit Ausbeutung, Hass, Gewalt, Krieg, Mord und Totschlag hinter sich gelassen haben wird, weil sie erfasst hat, dass das Leben grenzenlos ist und alles Sein – auch das in den Mineralreichen, den Pflanzen und Tieren – aus der einen ewigen Quelle stammt: von Gott, dem Schöpfer allen Seins.

Im Gespräch ermunterte uns Gabriele: „Lernen wir, um allmählich in den Ozean des Lebens einzutauchen, weil wir letzten Endes aus dem Ozean des Lebens kommen und von dem Ewigen gerufen sind, zurückzukehren in die ewige Heimat, denn jeder von uns trägt die Essenz der ewigen Heimat in sich, das ewige Zuhause, das Ewige Sein, den Wesenskern, das Ur-Herz, das in diesem Buch uns Menschen Schritt für Schritt nahegebracht wird. Dann verstehen wir, dass kein Mensch uns dahin führen kann, sondern einzig der ewige Geist, Gott in uns allen.

Machen Sie mit! Gehen Sie mit uns in die kosmische Schule, um zu lernen, zu erfassen, was wahres Leben bedeutet, um schließlich selbst die Erfahrung zu machen, dass es keinen Tod gibt, nur ein Hinüberwechseln in einen anderen Aggregatzustand, der feinerstofflich ist."

Dieses große Schöpfungswerk, „Die redende All-Einheit – Das Wort des Universalen Schöpfergeistes. Ein kosmisches Lehr- und Lernwerk aus der Schule der Göttlichen Weisheit", ist inhaltlich gegeben vom mächtigen Geist Gottes, der universalen höchsten Intelligenz.
Wir lesen auch von den Erfahrungen einiger Teilnehmer der Gesprächsrunden - insbesondere mit den fünf Komponenten im Hinblick auf die Gesetze Gottes – und von den Erkenntnissen aus der Sicht der heutigen Wissenschaft, von einem Wissenschaftler dargelegt.
Die Verfasser haben die kosmischen Lehr- und Lerninhalte in diesem Buch zusammengestellt.

Martin Kübli, Ulrich Seifert

Zum Geleit

Liebe Mitmenschen, in diesem Buch werden die geistigen Begriffe und Worte dem heutigen Verstehen angeglichen, wie z.B. die Worte Ewigkeit, All-Einheit, Gott, ewiges Gesetz, universales Leben, Ewiges Sein, geistige Lebensformen, göttliche Wesen oder gar Gott-Vater und das Reich Gottes.
Wir Menschen sind von dreidimensionalen Begriffen geprägt. Alle irdischen Begriffe haben Inhalte, die es zu begreifen gilt, indem man darüber nachdenkt und sie analysiert.
Die Wissenschaft hat ihre sprachlichen Wortschöpfungen, also auch Begriffe, die – wie alle Worte – dreidimensional geprägt sind. Auch das Wort „Gott" ist ein Begriff. Dahinter stehen Worte wie Ur-Geist, All-Geist, Ur-Strom, Schöpfer, ewiges Leben, kosmische unendliche Macht der Liebe oder gar Vater-Mutter-Gott.

Was es in den Worten, gleich Begriffen, zu begreifen gilt, können wir uns nur selbst beantworten, indem wir die Schritte tun, die uns Gott, der Ewige, durch Mose lehrte – die Zehn Gebote –, und Jesus, der Christus, in Seiner Bergpredigt.
Es gibt keinen anderen Weg, um das, was im Urgrund unserer Seele spricht, gleich redet, begreifen

zu können, und das auch nur in der inneren Wahrnehmung.

Viele Menschen fragen sich selbst und stellen ihren Mitmenschen die Frage: „Woher kommt Gott?" Diese Frage kann von uns Menschen nur mit dem kleinsten Wörtchen „ist" beantwortet werden: ER IST.

Wer weiter fragt, wie z.B. „Was ist Er?", erhält die Antwort: Das ewige Jetzt, das keinen Anfang, keine Vergangenheit und keine Zukunft hat. ES ist Gegenwart, ewiglich. Gäbe es einen Anfang, dann wäre Gott nicht ewig. Gäbe es eine Vergangenheit, dann würde auch Gott vergehen. Gott war und ist ewig gegenwärtig.

Das Wort Gegenwart im Sprachgebrauch des Menschen hat indessen mit dem Wort *all*-gegenwärtig nichts gemeinsam. Auch das ewige Jetzt hat mit dem menschlich gebräuchlichen Jetzt nichts zu tun, so wie auch das menschlich geläufige Wort Liebe nichts mit der Gottes- und Nächstenliebe gemeinsam hat.

Der Ewige, der ewige Geist, der ewige Schöpfer, der Vater-Mutter-Gott aller Seiner Kinder, gibt den Menschen die Antwort aus Seiner All-Gegenwart, die lautet:

ICH BIN DER ICH BIN, der Gott Abrahams, Isaaks und Jakobs.

ICH BIN DER ICH BIN, der Gott aller wahren Propheten.

ICH BIN das Leben, der Schöpfer, das Sein, und für dich, Mein Kind, der Vater-Mutter-Gott ewiglich.

Könnten wir Menschen die Himmelsfürsten, die Cherubim vor Seinem Thron, fragen, woher Gott kommt – sie würden antworten: Das Kommen Gottes wäre ein Anfang, und so hätte auch Gott ein Ende. Doch Er ist ewiglich und Ewigkeit, unvergänglich.

Dass Er ist, ist All-Gegenwart. Wie Er ist, das erfahre jeder selbst in sich.

Alle geistigen Begriffe und Worte in diesem Buch fundieren auf der Basis des alldurchstrahlenden, allumfassenden Licht-Äthers.

Der Licht-Äther ist der unerschöpfliche Ur-Quell der Ewigkeit. Er ist das schöpferische und schaffende All-Prinzip des Vater-Mutter-Gottes, aus dem die ätherischen Formen hervorgehen.

Der Licht-Äther, von dem wir im Nachwort ausführlicher lesen werden, ist die höchste, nie versiegende Energie, in die das Reich Gottes, alle reinen Lebensformen und alle göttlichen Wesen eingebettet sind. Auch die feinerstofflichen Bereiche, gleich Kosmen, und der materielle Kosmos sind vom Licht-Äther umgeben.

Die feinerstofflichen Bereiche wie auch der materielle Kosmos bildeten sich durch die Fall-Vorstellungen von abtrünnigen göttlichen Wesen, die trotz allem im Urgrund ihres Seins göttlich bleiben, die sich allerdings im Fallbewusstsein ihr Reich selbst schaffen wollten.

Ihr Ziel, gleich Wunsch, war primär die Auflösung der göttlichen Schöpfung, aller göttlichen Formen und göttlichen Wesen. Nach ihrem Wunschbild sollte alles zurück in den ewigen Strom, woraus sie selbst nach ihrem Wunschbild schöpfen, schaffen und formen wollten.

Der freie Wille im ewigen Gesetz ist entscheidend. Die einst göttlichen Wesen nahmen für ihr Vorhaben ein schöpferisches Energievolumen von ungefähr einer Handvoll Licht-Äther mit sich, vorwiegend aus dem Zentrum des Seins – wir Menschen nennen es auch das Heiligtum Gott-Vaters –, um damit die Auflösung aller göttlichen Formen zu bewirken.

Der unendliche, unerschöpfliche Licht-Äther ist die geistige Schöpfungs- und Schaffungsenergie des Ewigen.

Wie gesagt, der Fallgedanke der Fallwesen war, nach der Auflösung der göttlichen Schöpfung ein Reich nach ihren Vorstellungen zu gründen.

Man muss bedenken, welchen energetischen Reichtum ungefähr eine Handvoll Licht-Äther enthält, mit dem sich die kämpferischen Wesen umgaben. Obwohl sie lichtärmer wurden, kämpften sie weiter gegen Gott und Seine Schöpfung. Man kann nur vage ermessen, welches Energievolumen der Licht-Äther enthält.

Mit dem schon heruntertransformierten Bewusstseinsstand, der einen Handvoll Licht-Äther, schufen die abtrünnigen Wesen Stationen, feinerstoffliche Bereiche, Sonnen und Planeten, die ihrem Wunsch, gleich Fallbild, entsprachen. Gemäß ihrem immer enger werdenden Bewusstsein, das sich immer mehr verdichtete, war das feinerer Stoff, also heruntertransformierter Äther, so, wie auch die Fallwesen dichterer Stoff wurden, also nicht mehr feinstofflich.

Durch ihr Vorhaben wurden sie immer stofflicher, immer dichter, so dass auch ihr Vorhaben immer gröbere Strukturen aufwies. Aus der zunehmend dichter werdenden Äthermasse, gleich Energie-volumen, die ihrem Bewusstseinsstand entsprach, war zu erkennen, dass ihr Plan scheiterte, die göttliche Schöpfung aufzulösen.

Trotz alledem hoffen sie, von einem Stützpunkt des Alls aus, den Ewigen zu besiegen.

In unvorstellbaren Zeiträumen – man kann von Zeitfenstern sprechen – ging der Fall weiter. Entsprechend ihrem heruntertransformierten Energie-volumen entstanden in Bereichen des Alls unförmige Massen von immer dichter werdender Energie. In weiteren Zeiträumen, gleich Zeitfenstern, begann sich der heruntertransformierte Licht-Äther in eine unförmige, immer dichter werdende Masse zu verwandeln, woraus sich der materielle Kosmos mit dem Stützpunkt Erde bildete.

Als sich der Erdplanet festigte, entwickelten sich gemäß dem Bewusstseinsstand der Abtrünnigen gröbere Strukturen. Es waren unförmige Gebilde, die sich laufend veränderten. Ganz allmählich entstanden zellenartige Gebilde. Eine Schilderung der Abläufe zur Entstehung der Erde aus wissenschaftlicher Sicht finden Sie auf Seite 317 dieses Buches.

Als die dichte, formgebende Erd-Energie den Magneten für Fallwesen bildete, begann – wieder in

langen Zeiträumen, in Zeitfenstern – die Menschwerdung auf dem Planeten, den die Fallwesen als
Stützpunkt gegen Gott vorgesehen hatten.
Eine sogenannte Handvoll höchster Licht-Äther,
der die Fallwesen umgab, bewirkte das, was wir
Menschen sehen und nicht schauen. Daraus ist zu
erkennen, gleich zu ermessen, welch unerschöpf-
licher Reichtum der Licht-Äther ist.

Der Fallgedanke, die Auflösung des Ewigen Seins,
der göttlichen Schöpfung, ist gescheitert.
Heute ist der Fallgedanke die Zerstörung dessen,
was die Erde trägt. Doch den menschlichen Aus-
wüchsen und der Zerstörungswut ist schon Einhalt geboten. Der Ewige holt das Leben zurück
in die All-Ewigkeit. Der Umsturz, den der Fallgedanke nun selbst eingeleitet hat, heißt lapidar:
Klimawandel.

Der Unendliche ist und bleibt die All-Schöpfung.
Wie gesagt: Alles, aber auch alles, ist von dem unendlichen, unerschöpflich strömenden Licht-Äther
umgeben.
Die Wissenschaft spricht von unerforschten Zwi-
schenräumen von Sonnensystemen zu Sonnensystemen, von Milchstraßen zu Milchstraßen. Alles,
was nicht zu durchdringen und zu erforschen ist,

wird als dunkle Materie oder als dunkle Energie bezeichnet. Doch es ist nichts anderes als der unerschöpfliche Licht-Äther, das ewige All-Gesetz der Unendlichkeit, das All-Kommunikationsnetz des All-Einen.

Wie gesagt, der Fallgedanke, die Auflösung der göttlichen Schöpfung, ist gescheitert. Der Ewige führt in Zeitfenstern alles zurück. Alles geht in den Licht-Äther zurück und die ätherischen Formen in das Reich Gottes.

Wenn möglich, lesen Sie in diesem Buch „Die redende All-Einheit – Das Wort des Universalen Schöpfergeistes. Ein kosmisches Lehr- und Lernwerk aus der Schule der Göttlichen Weisheit" die Darlegungen, die mit unseren dreidimensionalen Begriffen und Worten gegeben sind, unter der Prämisse: Alles, aber auch alles, ist höchst potenzierter Licht-Äther.

Der All-Eine, der unendliche All-Gott, die übergeordnete Intelligenz, der freie Geist, schöpft aus dem nie versiegenden Licht-Äther und schafft reine ätherische Formen. Auch das Reich Gottes ist formgewordener ätherischer Licht-Äther. Alle ätherischen Sonnen und Planeten im Ewigen Sein sind

komprimierter Licht-Äther. Alle göttlichen Lebensformen, alle reinen Wesen, Geistwesen, sind ätherische Lichtformen und Lichtgestalten.
Gott selbst gab sich aus Seinem Ur-Quell, dem
Licht-Äther die Form. Es ist, wie wir schon vernahmen, der Vater-Mutter-Gott, die hehre Lichtgestalt
der Liebe zu Seiner Schöpfung.
Bitte lesen Sie in dem Bewusstsein, dass alles reine Sein ätherische Formen hat und dass der Fallgedanke niemals dem widerstehen konnte und
kann, was im All fließt und strömt: es ist das
Licht, der Licht-Äther, das Ewige, das All-Eine, das
Schöpfungswerk Gott-Vaters, der den Seinen auch
Mutter ist.

Liebe Mitmenschen, das Ziel unseres Themas „Die
redende All-Einheit – Das Wort des Universalen
Schöpfergeistes" ist, dass wir – so wir es wollen
– unser Leben auf das Höchste in uns ausrichten,
und dies Schritt für Schritt, um selbst zu erfahren
und zu erleben, was All-Einheit bedeutet.
Wir selbst sollten unsere eigenen Erfahrungen
machen.

Beginnen wir also – so gut es uns als Menschen
eben möglich ist, wenn uns auch noch vieles
unverständlich bleibt –, den Weg zu gehen, um

durch den besagten Türspalt zu blicken, hinter dem wir das erahnen können, was wir als wieder heimgekehrte göttliche Wesen erleben werden. Dann wird sich die Tür gleich einem mächtigen Tor öffnen, und wir werden unsere Heimat schauen, das ewige Reich Gottes, unser wahres, Ewiges Sein.

Auch wenn so mancher Mensch sich als Genie bezeichnen lässt – das einzige Genie, der einzige Genius der ganzen Unendlichkeit, ist der Unendliche, die höchste Intelligenz des Seins. In der ganzen Unendlichkeit schöpft, schafft und gestaltet das höchste Prinzip des Seins, die Liebe, der All-Eine, über Seine vier Ur-Kräfte. Ob es in der Schöpferwiege Gottes ist, ob es die Urzentralsonne mit ihren Prismensonnen ist, es sind immer die vier Wesenheitskräfte, die Ur-Kräfte in der Unendlichkeit.

Auch im materiellen Kosmos ist das eine Prinzip waltend, die vier Ur-Kräfte, die in sich latent die drei Eigenschaftskräfte Gottes – Güte, Liebe und Sanftmut – tragen, wobei die höchste Kraft des Seins die Liebe ist. Es ist in allem der All-Geist des Seins. Einerlei, wie wir den Geist der Unendlichkeit nennen, wie z.B. Ur-Kraft, Gott, All-Geist,

Ewige Intelligenz, All-Einer – es ist immer der Unendliche, es ist immer die höchste Intelligenz, es ist immer das All-Genie und der All-Genius, Gott, der Geist.

Wie man das Sein auch bezeichnen mag, es sind immer die vier Wesenheitskräfte Gottes, die Ur-Kräfte, und die drei Eigenschaftsenergien der Kindschaftseigenschaften.

Alles ist von geistig-atomarer Struktur, rein-geistige, ewige Substanz, das Prinzip der Unendlichkeit. Der Blick durch den geistigen Türspalt ist nur ein Versuch, den Aufbau des Reiches Gottes zu erklären. Haben Sie deshalb Verständnis, wenn für die sieben Kräfte des Seins immer andere Worte gebraucht werden. Damit soll jedem von uns Menschen, je nach Bewusstseinsstand, das all-eine große Geschehen nahegebracht werden.

Die Freiheit ist jedem von uns gegeben.

Wer es fassen kann, der fasse es. Wer es lassen möchte, der lasse es. Niemand ist gezwungen, zu glauben oder das geistige Gut anzunehmen. Doch jeder kann es selbst in Erfahrung bringen und erfassen, wenn er den Weg geht, den uns Gott, der Ewige, durch Mose in den Zehn Geboten gab, und Jesus von Nazareth in der höchsten Lehre, Seiner Bergpredigt.

Wir Menschen sprechen so oft von unserem Leben und meinen damit unser Erdendasein.

Wahres Leben ist aus Gott und ist endlose, unabdingbare Einheit, die All-Kommunikation, die Sprache des ewigen Schöpfergeistes, der die Liebe ist und den wir im Abendland Gott nennen. Der Geist der Unendlichkeit, Gott, ist das Wort der Unendlichkeit in allem Sein, in allen Lebensformen und in allen göttlichen Wesen, den Geistwesen. Er, das All-Leben, ist im Urgrund der Seele jedes Menschen und auch in jeder entkörperten Seele. Die sichtbaren und unsichtbaren Kosmen, alle Gestirne, Steine und Mineralien sind gelenkt und geleitet vom All-Gesetz des Ewigen. Alles ist eingebettet in das ewige Gesetz des Lebens, den Licht-Äther. Alle Gestirne, alle vom Ewigen ge-schaffenen Pflanzen- und Tierarten leben in der großen All-Einheit des Schöpfergeistes. Alles, aber auch alles steht mit allem und mit dem allgegen-wärtigen Geist, Gott, in der All-Kommunikation.

Der Licht-Äther, aus dem der Ewige schöpft, schafft und formt, ist die Trägersubstanz der All-Kommunikation.

In der Unendlichkeit gibt es keine Trennung und somit kein Getrenntsein vom ewigen Geist, der das ewige Leben ist. Alle göttlichen Wesen, alle vom Ewigen beatmeten Lebensformen und Lebewesen sind im All-Einen verbunden durch das All-Prinzip, das All-Gesetz „Senden und Empfangen". Das Wort des Schöpfergeistes ist in allen und in allem.

Gott sendet. Er gibt – und alles Sein, alles Reine, empfängt Sein Wort, das All-Gesetz der Unendlichkeit. Von der unendlichen All-Kommunikation ist nichts und niemand ausgeschlossen, auch nicht die Universen mit ihren Sonnen und Planeten.

Alles beruht auf Kommunikation. Gemäß ihrem Bewusstsein, gleich Entwicklungsstand, nehmen alle Tier- und Pflanzenarten das Schöpfungswort ihres Schöpfers wahr. Jeder Stein und jedes Mineral beinhaltet das All-Gesetz, das Kommunikation ist. Alle vom Ewigen geschaffenen Lebensformen geben ihrem Schöpfer Antwort durch Kommunikation.

Der ewige Geist, Gott, ist somit beständig bei Seiner All-Gemeinschaft, die wir auch als All-Einheit bezeichnen. Gott ist also gegenwärtiges, ewiges Leben, das untrennbar und unteilbar ist.

Alle Universen sind erfüllt von Seinem Gesetzeswort. Der Ewige ist der All-Eine, der All-Geist und das All-Gesetz der Unendlichkeit.

Obwohl wir als Menschen der materielle Mikrokosmos im materiellen Makrokosmos sind und Gott, der Ewige, uns Menschen die Erde mit ihren

Pflanzen und Kräutern als Ernährerin gab – und das für alle Menschen und Tiere –, können wir Gott, den ewigen Schöpfergeist, im Urgrund unserer Seele, die ebenso kosmisch, allerdings noch feinerstofflich ist, kaum wahrnehmen. Es stellt sich die Frage: Warum fällt es uns Menschen so schwer, das Wort des Alls, das Gesetzeswort des Ewigen, auch in den Tieren und Pflanzen, aber auch als Gesetzeskraft in Mineralien und Steinen wahrzunehmen? Auch das „Warum" gehört zu unserem Thema „Die redende All-Einheit – Das Wort des Universalen Schöpfergeistes".

Wir, die wir heute Menschen sind, leben derzeit – es sei betont: derzeit! – in Raum und Zeit. In dieser Raum- und Zeitbegrenzung denken, sprechen und handeln wir. Doch der göttliche, unbelastete Wesenskern, von dem wir immer wieder lesen werden, ist das Ur-Herz in der All-Kommunikation, das auch in uns, im Urgrund unserer Seele das „Verbinde und sei" ist.

Es sei wiederholt: Das wahre, ewige Leben ist siebendimensional. Kehren wir als reine, göttliche Wesen, als Geistwesen, in unsere ewige Heimat, zu unserem Ursprung, zurück, dann leben wir wieder bewusst im ewigen Schöpfungsstrom, im siebendimensionalen Sein. Als reine Wesen sind wir nicht nur wissend; wir leben ewig in unserer Heimat, die unser ewiges Zuhause ist, das Reich Gottes, das sich unablässig ausdehnt – und das ewiglich. Ewiges Leben ist das Bewusstsein und das Leben in der All-Einheit.

Mit unseren begrenzten dreidimensionalen Worten, mit unserem menschlichen Verstehen, ist das kurz Angedeutete kaum nachvollziehbar; doch im Urgrund unserer Seele, im voll entwickelten Ur-Herzen, im Wesenskern, ist alles, aber auch alles, lebendig.

Im Wesenskern, in unserer Seele, spricht der Ewige das Wort des Seins, das All-Gesetz.

Der Wesenskern ist die All-Einheit in allen und in allem. Gott, der Schöpfer des Lebens, ist das Kommunikationsprinzip der Unendlichkeit: „Senden und Empfangen". In dieser kosmischen All-Kommunikation sind alle Lebewesen und Lebensformen mit einbezogen.

Ein vollkommener Wesenskern ist ätherisches Licht. Er kann mit einem geschliffenen Diamanten verglichen werden.

Der Aufbau des Wesenskerns
in der Schöpfungs- und Schaffungswiege
des Ewigen

Wir Menschen stehen noch weit hintenan im Verständnis und in der Erkenntnis dieser göttlich-geistigen Zusammenhänge. Noch ist kein Meister vom Himmel gefallen. Wir lernen alle. Wenn Sie wollen – lernen Sie mit!

Der ewige Wesenskern baut sich in der Schöpfungs-, gleich Schaffungswiege Gottes auf. Zum besseren Verständnis könnten wir sagen: Die Schöpfungs- und Schaffungswiege ist der göttliche „Geburtskörper", in dem sich der feinstoffliche, ätherisch-geistige Leib der göttlichen Wesen entwickelt.

In der ersten Grundkraft des Schöpfungs-, gleich Schaffungsprinzips, der Ordnung, auch Ur-Kraft genannt, beatmet der Ewige, das Vater-Mutter-Prinzip, die Liebe, eine bestimmte feinstoffliche Atomart, in der die vollständige Entwicklung zur Kindschaft Gottes, zum ausgereiften Geistwesen, angelegt ist: die Mentalität des werdenden Geistkindes, des Geistwesens, sein Name und, in welche Geistfamilie das Geistkind eingeboren wird.

Auch alle Farben, Formen und Düfte des Seins sind in Seinem „Es Werde" aktiv. Der Prozess des Werdens und Reifens hin zu einem geistigen Kind erfolgt in Rhythmen, die in Zyklen gefasst sind.

In der ersten Grundkraft, auch Ur-Kraft genannt, der Ordnung, beginnen sich, energetisch gesehen, Mineralien zu formen, die sich in Rhythmen weiterentwickeln, bis sie alle geistigen Mineralformen in sich entwickelt, gleich erschlossen, haben. In jeder ausgereiften Mineralsubstanz vollzieht sich ein geistiges Keimen, das sich in Evolutionsrhythmen zu geistigen Partikeln formiert.

Haben alle geistigen Mineralformen ihre gottbeatmete Entwicklung abgeschlossen, dann beginnt das keimende Leben, mehr und mehr Form anzunehmen. Der All-Geist, der Schöpfergeist, trägt in einer mächtigen energetischen Licht-Ätherwoge die vollendeten Mineralformen zur nächsthöheren Formbildung in das Pflanzenreich, in die zweite Grund-, gleich Ur-Kraft des Schöpfers, in die des Willens. In der zweiten Grundkraft baut sich in der Schöpfungs-, gleich Schaffungswiege Gottes wieder in Rhythmen, das Pflanzenreich auf, Pflanzenbewusstsein über Pflanzenbewusstsein; es ist Wachstum, gleich Evolution und Reife.

Ist in allen Pflanzenarten, in welchen die Mineralsubstanzen vorhanden sind, die gesamte kosmische Willenskraft, die zweite Ur-Kraft, entwickelt, so werden diese wiederum in weitere geistige Partikel gefasst und, wie zuvor in den Mineralreichen, von einer energetischen Licht-Ätherwoge, vom All-Geist, in das Reich der Tierwelt erhoben. In der dritten Grundkraft, der Ur-Kraft der göttlichen Weisheit, setzt sich die energetische Entwicklung fort.

Ganz allmählich, ebenfalls in Rhythmen, die in Zyklen gefasst sind, entwickeln sich alle ätherischen Substanzen und Kräfte der gesamten Tierwelt. Haben die vom Schöpfergott, dem All-Geist, beatmeten Tierarten, die natürlich ätherisch sind, das Tierreich vollständig durchlaufen und alle Substanzen und Kräfte der dritten Ur-Kraft aufgenommen, dann werden die Partikel aller Tiersubstanzen den vorhandenen geistigen Partikeln der Mineralien und Pflanzen zugeordnet.

Auf diese Weise entsteht ganz allmählich, in unvorstellbaren Zyklen, der göttlich ätherische Wesenskern, von dem wir gelesen haben und noch lesen werden – es ist die All-Essenz des Ewigen Seins.

Auf der letzten Evolutionsstufe, der vierten Grundkraft, gleich Ur-Kraft, des göttlichen Ernstes, beginnt die Entwicklung, gleich Formierung zur Naturform, zu Naturwesen. Sind alle Evolutionsschritte vollzogen, dann beginnt in den voll entwickelten Naturwesen die Kindschaft Gottes wirksam zu werden.

Die geistige Kindschaftsgeburt –
das werdende Geistkind wird in eine
Geistfamilie aufgenommen.

Am Ende der letzten Evolutionsstufe, der Stufe des göttlichen Ernstes, der vierten Grundkraft, gleich Ur-Kraft, wird das kleine, naturgeprägte Wesen der geistigen Kindschaftsgeburt, Güte, Liebe und Sanftmut, dem Vater-Mutter-Prinzip zugeführt. Von einem geistigen Dualpaar wird es zum göttlichen Kind erhoben. Wie geht das vor sich? Ein vom Vater-Mutter-Gott vorbestimmtes göttliches Dualpaar, das gebende und empfangende Prinzip – wir Menschen würden sagen: das männliche und weibliche Prinzip –, bilden gemeinsam einen mächtigen magnetischen energetischen Kokon. Es ist der Kokon zur Aufnahme eines ausgereiften Naturwesens aus der Schöpfungswiege Gottes, das der Mentalität des Dualpaares entspricht.

Der ätherisch-magnetische Kokon des Dualpaares zieht das Wesen an, das seiner Mentalität entspricht, und nimmt es in den magnetisch-energetischen Kokon auf. Ganz allmählich strömt das energetische Fluidum in das kleine Wesen ein.

Das Fluidum des Kokons, Güte, Liebe und Sanftmut, bewirkt die Umgestaltung des Naturwesens zum Geistkind. Hat dieses das ganze energetische Fluidum aufgenommen, dann ist es zum Geistkind herangereift. Das Dualpaar – wir Menschen würden sagen, das Elternpaar – ist ganz und gar eins mit seinem Geistkind, und das Geistkind ist eins mit dem Dualpaar, seinen geistigen Eltern, sowie mit der ganzen Großfamilie in Gott, dem Vater-Mutter-Gott.

Das Geistkind des Dualpaares trägt nun in sich das pulsierende göttliche Ur-Herz aller vier Grundkräfte, aller vier Ur-Kräfte, und der drei Eigenschaftskräfte, der Kindschaftseigenschaften Güte, Liebe und Sanftmut – alles in allem den Wesenskern des Seins.

In der geistigen Familie reift das Geistkind zum vollkommenen Geistwesen heran, indem es – als Geistkind – noch einmal alle vier Wesenheiten der vier göttlichen Entwicklungsebenen aktiviert und zugleich die drei Eigenschaften Güte, Liebe und

Sanftmut als die All-Kommunikation zur Vollendung bringt.

Hat das Geistkind die Reife zum vollkommenen, gänzlich ausgebildeten Geistwesen erlangt, dann sind in ihm alle energetischen Kräfte aktiv; sie sind die vollendeten Grundkräfte, die Wesenheitskräfte, die Ur-Kräfte des Seins, und die vollendeten Eigenschaftskräfte, die Kindschaftseigenschaften. Das bedeutet die aktivierte All-Kommunikation der Unendlichkeit zu allen Wesen und Lebensformen, zu allen Sonnen und Planeten. Alles in allem ist es der ewige Geist, der unerschöpfliche Licht-Äther, schöpfend und schaffend.

Die vollendeten Grundkräfte in dem nun ausgereiften Geistwesen bilden so, wie in allen göttlichen Wesen, das kosmische Ur-Herz – es ist der Wesenskern der Unendlichkeit. Wenn das Geistkind zum vollkommenen Geistwesen herangereift ist, dann ist der Wesenskern und das Geistwesen kosmisch lichtvollendet, einem vollendeten, geschliffenen Diamanten gleich.

Die übergeordnete Ur-Kraft – Gott –, das kosmische Gesetzeswort des Alls in allen und in allem

Der Wesenskern ist also das kosmische Ur-Herz jedes göttlichen Wesens.

Gott ist die übergeordnete Ur-Kraft, die Liebe in der Güte und Sanftmut, wobei die Liebe die höchste Lichtquelle des Seins ist. Die Liebe und die Demut in der Liebe, Güte und Sanftmut sind in den Licht-Ätheratomen die höchst pulsierende Energie, die durch Seine vier Schöpfungs- und Schaffungskräfte aus dem Licht-Äther schöpft und formendes Leben schafft.

Die übergeordnete Ur-Kraft ist das All-Gesetz, das aus den sieben Grundpfeilern besteht, die in allen Licht-Ätheratomen in fünf Kräfte gefasst sind. Der höchstpulsierende Ur-Kern jedes geistigen Atoms ist die Liebe, Güte und Sanftmut. Die vier Elementarkräfte Ordnung, Wille, Weisheit und Ernst umkreisen die Ur-Allkraft, den Ur-Kern.

Ohne die höchste Licht-Kraft, die Liebe, die in allem wirksam ist, gibt es kein Leben und keine geistige Formgebung.

Die Gottes- und Nächstenliebe ist der Schlüssel zum ewigen Leben, zum Frieden, zur Harmonie und zum Gleichklang aller universalen Kräfte.

In der ganzen Unendlichkeit wirkt also die über-geordnete Ur-Kraft, der All-Geist, in allen Seinen Schöpfungskräften, z.B. im Mineral-, Pflanzen- und Tierreich und, über die drei Kindschaftseigen-schaften Güte, Liebe und Sanftmut, in jedem gött-lichen Wesen. Er ist das All-Prinzip „Senden und Empfangen".

Auch im Urgrund der entkörperten Seelen und in der Seele jedes Menschen ist der unbelastbare Wesenskern, die Essenz der sieben Grund-, gleich Gesetzeskräfte Gottes aktiv. Wie bereits erwähnt, sind es die vier Wesenheits-, gleich Schöpfungs-und Schaffungskräfte Ordnung, Wille, Weisheit, Ernst, und die drei Kindschaftskräfte, Güte, Liebe und Sanftmut. Es ist das All-Gesetz des Seins. Gott, der Ewige, die All-Intelligenz, ist also in allem und in allen, auch in allen Sonnen, in allen Pla-neten; in allen Kräften der Unendlichkeit ist das Leben, Gott. Der ewige Schöpfer ist also in Seiner Schöpfung allgegenwärtig.

Gott, der Ewige, der All-Geist der Unendlichkeit, ist das Wort des Alls in allen und in allem. Sämt-liche Lebensformen und alle göttlichen Wesen, Geistwesen, stehen in beständiger Kommunika-tion mit ihrem Schöpfergott in allem und in allen, und der Schöpfergott steht in Kommunikation mit

Seiner All-Schöpfung. Alle göttlichen Wesen, alle reinen Lebensformen, sind mit ihrem Schöpfer verbunden und vernehmen Sein Wort, das Leben, das das All-Gesetz ist.

Der Mensch könnte das Wort des Schöpfergottes ebenso vernehmen wie alle anderen Seinsformen der Unendlichkeit, das Gott-Vater-Mutter-Wort, weil die Seele im Urgrund ein Geistwesen aus Gott, dem Vater-Mutter-Gott, ist. Das Wort der All-Einheit empfängt der Mensch jedoch einzig aus dem All-Herzen, dem Ur-Herzen, dem Wesenskern im Urgrund seiner Seele.

Wie oft hört man: Gott in uns. Die kommunikative Brücke zu allen Lebensformen bis hin zum Reich Gottes und letztlich zum Vater-Mutter-Gott in uns ist und bleibt der Wesenskern, gefasst in den drei Kindschaftseigenschaften und den vier Ur-Kräften.

Hat der Mensch in seinem Gefühls-, Empfindungs- und Gedankenleben, in seinen ganzen Verhaltensweisen, die Brücke zu Gott in sich, zum Wesenskern, dem Ur-Herzen, geschaffen, zum Gesetz des universalen Seins, dann vernimmt er den Vater-Mutter-Gott, der das Leben Seines Kindes ist, und vernimmt auch die göttlichen Lebensformen, das All-Gesetz in allen und in allem, das kosmische

Sein. Das ist All-Einheit, das ist Gemeinschaft, das ist wahrer Gemeinschaftssinn und wahres Gemeinschaftsleben. ✗

Die Schritte zum Leben.
Die Brücke zum Wesenskern

Es sei wiederholt, denn Wiederholungen sind zum Lernen gegeben, sie dienen der Einprägsamkeit: Wenn der Mensch Schritt für Schritt die Gesetzmäßigkeiten inneren Lebens erfüllt, reift er der reinen Gemeinschaft des Lebens zu. Nur dann ist es ihm möglich, das Wort des Schöpfers, des All-Geistes, der All-Einheit, in seiner Muttersprache zu empfangen, die – obwohl sie dreidimensional geprägt ist – das Wort im Bild und in Gedanken überträgt.

Über den Wesenskern der Seele, also Gott in uns, können wir Menschen das Wort des All-Einen vernehmen, der in der ganzen Unendlichkeit, im kleinsten Teilchen des Seins, das Gesetzeswort ist. ✗

Gott ist die Liebe und Demut. Er ist im Kleinsten, und das Kleinste im All ist im großen Ganzen. Sein All-Wort, das Gesetzeswort, ist immer Gegenwart. Einzig durch selbstlos dienende Gottes- und Nächstenliebe, durch gottergebenes Helfen und

Dienen, erleben wir Menschen, was All-Einheit bedeutet.

Tief im Urgrund unserer Seele tragen wir Menschen die Sohn- und Tochterschaft Gottes. Es stellt
sich dem Einzelnen die Frage: Wo stehe ich, der
Mensch?
Wie oft sagen wir „ich will Gott näherkommen"
oder „ich möchte das Licht der Liebe in mir erfahren!"? Es geht jedoch nicht darum, zu denken:
„Ich will!" oder „ich möchte!". Damit wir Menschen wieder zu dem werden, was wir im Urgrund
unserer Seele sind – Wesen in Gott –, müssten wir
uns auf den Weg begeben, das All-Gesetz, die All-
Einheit des Seins, Schritt für Schritt zu leben und
im Alltag zu erfüllen.

Der erste Schritt zum Leben wäre und ist, die
Brücke zu unserem wahren Sein zu schaffen, das
heißt, die Zehn Gebote Gottes zu erfüllen.

Der zweite Schritt, um dem Wesenskern, Gott in
uns, näher zu kommen, ist die gelebte Bergpredigt Jesu.

Der dritte Schritt heißt: Achte, schätze und liebe
das Innerste in der Seele jedes Menschen, denn
er ist dein Bruder, deine Schwester aus der ewigen Heimat, aus der göttlichen Gemeinschaft, und
liebe das Leben im Mineral, in jeder Pflanze, in

jedem Tier. Liebe das All-Leben so, wie du selbst geliebt werden möchtest.

Lerne, alle Lebensformen, die ganze Mutter Erde als einen Teil von dir wahrzunehmen, denn Gottes Wort ist das Schöpfungswort, das spricht: „ICH BIN DER ICH BIN, die Gottes- und Nächstenliebe." Zu der Nächstenliebe gehören alle Lebensformen, einschließlich der Mutter Erde, auch die ätherische Kraft in den vier Elementen Feuer, Wasser, Erde und Luft.

Wie bereits dargelegt: Der Mensch denkt und sagt: „Wenn Gott der Schöpfer allen Seins ist, in allen und in allem, in der ganzen Unendlichkeit, das Gesetzeswort, dann will ich Ihn, den Schöpfer, vernehmen!" Aufgrund des „Ich will!" hat sich aber noch nie die innere Weisheit, das All-Sein, offenbart, das ICH BIN DER ICH BIN. Erst wenn wir Menschen die Gesetzmäßigkeiten, die in den Zehn Geboten Gottes und in der Bergpredigt Jesu zu finden sind, Schritt für Schritt umsetzen, beginnen wir allmählich zu verstehen, was Gottes- und Nächstenliebe bedeutet.

Nicht im Reden, was man tun soll, wirkt der Geist Gottes, sondern durch das gerechte Tun schaffen wir Menschen die Brücke zum All-Wort, zur All-Einheit des Lebens, das Liebe ist.

Gott, der All-Geist, das schöpfende und schaffende All-Gesetz, legt nicht die Hände in den Schoß und meint damit: „Mach mal!". Gott, der Vater-Mutter-Gott, ist die Tatkraft in allen und in allem. Durch Ihn und in Ihm ist die Seinsschöpfung in unaufhaltsamer Bewegung.

Erst wenn wir Menschen zur Wurzel des wahren Lebens gefunden haben und demütig geworden sind, ohne Anklang des Egos, das heißt „ich bin mir selbst der Nächste", erleben wir, was es bedeutet: Gott ist uns nahe, und Sein Wort ist allgegenwärtig. Dann erst erfassen und erfahren wir in uns, dass alles, aber auch alles, im göttlichen Wesenskern, im Ur-Herzen des Seins, enthalten ist und dass einzig über den Wesenskern das wahre, kommunikative All-Leben möglich ist, die All-Einheit, das Wort der Unendlichkeit und des Unendlichen.

Wie sagte der „kleine Prinz"? „Man sieht nur mit dem Herzen gut." Man hört aber auch nur mit dem Herzen gut: Man hört gut durch das Herz des Lebens, durch den unbelastbaren Wesenskern, Gott, denn in Ihm und aus Ihm spricht die Gemeinschaft aller Lebensformen und aller göttlichen Wesen. Die ganze Unendlichkeit ist erfüllt von Seinem Wort, denn Gott, der Ewige, ist in allem und in allen.

Die Söhne und Töchter Gottes – Erben der Unendlichkeit

Warum haben die meisten Menschen die Achtung und die Wertschätzung gegenüber dem Leben verloren? Weil der Mensch zu wenig über das Leben nach diesem Leben nachdenkt.

Denken wir jetzt darüber nach: Wir Menschen sind nur vorübergehend Wanderer über diese Erde. Ist für uns die Zeit gekommen, so legen wir unseren Erdenkörper ab – doch unser Leben geht weiter. Nach dem Leibestod haben wir einen feinerstofflichen Leib, den wir Seele nennen. Auch die Seele ist auf der Wanderschaft, bis sie wieder als göttliches Wesen, als Geistwesen im Reich Gottes, in der ewigen Heimat, in ihrem Ursprungssein, lebt und wirkt.

Im Reich Gottes sind wir feinstoffliche Wesen, Geistwesen aus der Ur-Substanz, dem Licht-Äther, dem ewigen Gesetz, Gott, dem All-Einen.

Gott ist unser ewiger Vater, der uns im ewigen Wesenskern, in unserem Ur-Herzen, auch Mutter ist. Der unauslöschliche Wesenskern ist das All-Gesetz der Gottes- und Nächstenliebe.

Zum besseren Verständnis: Der physische Körper ist grobstofflich, heruntertransformierter und umgepolter, also ins Negative gezogener Licht-Äther.

Die Seele ist feinerstofflicher Licht-Äther. Solange die Seele belastet ist, ist sie wohl feinerer Stoff, aber nicht feinstofflich.

Die göttlichen Wesen, die Geistwesen, alle göttlichen Lebensformen, alle Sonnen und Planeten des ewigen Reiches Gottes sind feinstofflich; sie sind reiner, potenzierter Licht-Äther.

Gott, unser himmlischer Vater, machte Seine Söhne und Töchter zu Erben der Unendlichkeit. Jedes Geistwesen ist gleichermaßen Erbe des Ewigen Seins, der kosmischen ätherischen Energien des Reiches Gottes. Deshalb ist der geistige Leib jedes göttlichen Wesens komprimiertes ewiges ätherisches Gesetz, also Licht-Äther. Das Geistwesen ist nicht Gott, also nicht allgegenwärtig, kann jedoch als Geistwesen in der ganzen Unendlichkeit gegenwärtig sein durch das All-Erbe.

Gott, der Ewige, der Vater aller Seiner Kinder, bleibt mit Seinem Geist die allströmende ätherische Gesetzeskraft, die Allgegenwart, was besagt: Sein Geist ist in allen und in allem das Leben.

Die Heimat der göttlichen Wesen ist das Reich Gottes, die Unendlichkeit, kraft des Wesenskernes, des Gesetzes der Gottes- und Nächstenliebe, das die kosmische Freiheit ist.

Jesus von Nazareth lehrte uns Menschen sinngemäß: *„Das Reich Gottes ist inwendig in euch."*
Mit der kosmischen Freiheit ist nicht jene Freiheit
gemeint, die die Menschen propagieren, wenn es
heißt: „Ich will frei sein" oder: „Ich bin frei!" –
göttliche Wesen sind frei, weil sie Erben der Unendlichkeit sind und eins mit der Unendlichkeit,
dem Reich Gottes.

Das göttliche Erb-Prinzip, die All-Einheit, heißt:
„Verbinde und sei", was besagt: Verbunden sein
mit allem Reinen und mit allen und allem Sein.
Aufgrund dessen sind sie, die Geistwesen, gegenwärtig, aber nicht allgegenwärtig. Das ist das allumfassende Erbe eines jeden göttlichen Wesens.

Das Reich Gottes
und das Leben der göttlichen Wesen
im Ewigen Sein

Das Ur-Bild der Seinsschöpfung

Liebe Mitmenschen, Menschen fragen und suchen nach Beweisen, ob es tatsächlich einen Gott gibt. Dieses Buch „Die redende All-Einheit – Das Wort des Universalen Schöpfergeistes" ist ein kosmisches Lehr- und Lernwerk aus der Schule der Göttlichen Weisheit. Dabei wollen wir uns der Aussage Jesu bewusst werden: *„Das Reich Gottes ist inwendig in euch."* Damit ist sicherlich die Essenz des Reiches Gottes in uns gemeint, im Urgrund unserer Seele.

Das Fundament des Reiches Gottes ist das All-Gesetz, die Einheit. Die Gottes- und Nächstenliebe ist die Basis des ewigen Lebens. Göttliche Wesen, Geistwesen, sind im Ewigen Sein zu Hause.
Sie leben und wohnen in geistigen Bauwerken. Tiere leben mit den göttlichen Wesen, und Pflanzenarten schmücken die Gärten des Seins.
Das Leben ist Liebe, ist Licht, Form, Farbe, Klang und Duft. Jede Himmelsebene hat ihre Prägung, was Klang, Farbe und Form betrifft.

Das Reich Gottes, die Himmelsebenen mit den göttlichen Wesen und den siebendimensionalen Gärten und Lebensformen, war in Vorschöpfungen in den vier Ur-Kräften die Schau, das Ur-Bild zur Seinsschöpfung. Nach ehernen Gesetzmäßigkeiten – wir nennen sie die innere Uhr – begann in den vier Ur-Kräften, die sich vor der Seinsschöpfung auch Götter nannten, eine gewisse Bewegung. Das Ur-Bild kam in Aktion. Ein Uhrwerk, gleich Ur-Punkt, regte das Ur-Bild zur Seinsschöpfung an.

Bevor wir zum Thema kommen – Gott, auch in der Materie –, nur eine kurze Andeutung, was Vorschöpfung und Seinsschöpfung bedeuten. Es ist nur ein winzig kleiner Einblick in das siebendimensionale Gottesreich, das die Heimat der göttlichen Wesen ist und das wir im Urgrund als Essenz in unserer Seele sind. Es gab einige Vorschöpfungen. In „Die redende All-Einheit – Das Wort des Universalen Schöpfergeistes" lesen wir vorwiegend von der vollkommenen Seinsschöpfung, dem Reich Gottes.
In den Vorschöpfungen zur ewigen Seinsschöpfung strahlten vier gottbewusste Ur-Kräfte in das noch ungeformte All, in den unerschöpflichen Licht-Äther. Gemäß der inneren Uhr entschlüsselte sich in unvorstellbaren Äonenzyklen das Ur-Bild, die

Seinsschöpfung. Aus den vier Ur-Kräften entfaltete sich die eine All-Gottheit, die übergeordnete Ur-Kraft, die Güte, Liebe und Sanftmut, wobei die Liebe die höchste Kraft ist, die eine schöpferische und schaffende Ur-Kraft, der All-Gott, der All-Geist.

Zuerst war die übergeordnete Ur-Kraft ein Teilchen, das strahlte und sich in sich bewegte. Daraus entwickelten sich zwei gleich strahlende Teilchen, die gemäß der inneren Uhr immer mehr in Bewegung kamen und sich aufteilten in etwa zwei Drittel gebend, ein Drittel empfangend. Die übergeordnete Ur-Kraft – es ist die All-Gottheit, der Ewige – zog die vier Kräfte an sich heran, um sie zu Seinen vier Schöpfungs- und Schaffungskräften zu machen, die weiterhin Seine vier Ur-Kräfte sind.

Die vier Schöpfungs- und Schaffungskräfte des Ewigen, auch vier Ur-Kräfte genannt, haben einen tiefen Sinn, denn nach der Vollendung der ersten Seinsschöpfung wird die übergeordnete Instanz, die All-Gottheit, der All-Geist, in weiteren Universen die vier Ur-Kräfte zu ihrer Ur-Bestimmung erheben.

Die übergeordnete Ur-Kraft – in etwa zwei Drittel gebend, ein Drittel empfangend – begann nun Sein

Schöpfungswerk. In einem mächtigen Äonenlauf schuf der All-Eine, der Schöpfende und Schaffende, das All-Licht des Seins, der Ewige, ein ätherisches Ur-Zentralgestirn, auch Ur-Zentralsonne genannt. Im selben Äonenlauf schuf der Eine, Unendliche, der Ewige, den wir im Abendland Gott nennen, aus dem Licht-Äther sieben ätherische Prismensonnen, die das weiß-goldene Ur-Licht des Zentralgestirns in Farbspektren zerlegten und zerlegen und in das All strahlen.

Weil das All-Einheitsbewusstsein das ur-ewige Gesetz ist, das gleichermaßen in der Unendlichkeit wirkt und in allem enthalten ist, ist in jeder Prismensonne das Licht der anderen Prismensonnen wirksam.

In diesem mächtigen ersten Äonenlauf Seiner Schaffung gab sich Gott selbst die Form. Er, der All-Eine, der Geist der Unendlichkeit, nahm aus den vier Schöpfungs- und Schaffungskräften die Substanz zur ätherischen Verkörperung, wodurch in der Formgebung vorwiegend die drei Kräfte aktiv wurden, die Kindschaftseigenschaften Güte, Liebe und Sanftmut, so dass alle göttlichen Wesen, Seine Söhne und Töchter, Gott-Vater, der ihnen auch Mutter ist, schauen können, von Angesicht zu Angesicht.

In diesem Äonenzyklus schuf der All-Eine Seine ersten Lichtwesen, die Erzengel. Zuerst schuf Er die ersten vier Wesen, welche die vier Ur-Kräfte, die Schöpfungs- und Schaffungskräfte geistig, gleich ätherisch, verkörpern. Dann schuf Er aus dem Licht-Äther die weiteren drei Erzengel, welche Seine drei Eigenschaftskräfte, das Vater-Mutter-Prinzip, verkörpern. Die sieben Erzengel sind die Cherubim des Ewigen Seins, welche in der ganzen Unendlichkeit das ewige Gesetz wesenhaft vertreten. Deshalb werden sie auch die Gesetzesengel genannt. Aus Seiner übergeordneten Ur-Kraft – ungefähr zwei Drittel gebend, ein Drittel empfangend – schuf Er die Seraphim. In der menschlichen Sprache heißt das: Er schuf sieben männliche und sieben weibliche Prinzipien.

In diesem Schöpfungs- und Schaffungszyklus begann der Ewige, der All-Geist, die übergeordnete Ur-Kraft, vier Entwicklungsebenen zu schaffen, in denen Er, der All-Eine, durch Seine vier Ur-Kräfte wirkt, um schrittweise formendes ätherisches Leben zu schaffen. In den göttlichen Entwicklungsebenen, die man auch den göttlichen Geburtskörper nennen kann, entwickeln sich feinstofflichgeistige Lebensformen.

Der Ewige schaute den Beginn Seines ersten Schöpfungswerkes, und es war gut.

Er begann nun, über Seine vier Ur-Kräfte, die Kräfte zur Formgebung der Kindschaft Gottes, zu schöpfen und zu schaffen. Gleichermaßen flutete das Ur-Licht, der Licht-Äther, über die Prismensonnen in das All, wo sich gigantische Himmelsebenen formierten und werdende geistige Gestirne ihre Bahnen zogen.

Dieses gigantische Kommunikationsnetz des Seins entstand aus dem Prinzip der All-Einheit: Alles ist Licht-Äther, alles ist in allem enthalten, und alle und alles stehen mit allen Seinsformen und Kräften in Kommunikation. Er sah, und es war gut.

In weiteren schöpferischen Äonenläufen entstanden die ersten ätherischen Lebensformen, das sich in Zyklen und Rhythmen formende Leben. Das All-Einheitsbewusstsein, das Reich Gottes, entwickelte sich aus dem All-Schöpfungs- und All-Schaffungsprinzip, von dem wir noch lesen werden. Aus Seinem All-Prinzip des Schöpfens und Schaffens bildete sich allmählich das Ur-Herz, der Wesenskern, die Essenz des All-Gesetzes und die essenziellen Kräfte aller Lebensformen, das All-Leben als Sohn und Tochter Gottes.

Wie man auch das Ewige Sein beschreiben möchte, es bleibt ein Zerrbild, das mit dreidimensionalen Worten und Begriffen kaum wiedergegeben werden kann. Man versucht, Worte für ein siebendimensionales Geschehen zu finden, und merkt zuletzt, dass man sich mit gleichen Worten im Kreis dreht, obwohl man in dieselben Worte eine andere Schau hineingelegt hat.

In diesem kosmischen Lehr- und Lernwerk erfahren und erfassen wir ganz allmählich unser göttliches Erbe, die Essenz allen Seins, die im Urgrund unserer Seele lebendig ist, den Wesenskern, das Ur-Herz ewigen Lebens. Ja, in Ihnen, in uns allen pocht im Urgrund unserer Seele das Ur-Herz des Seins, die Kraft und das Leben unserer ewigen Heimat.

Das Nachstehende möge den Leser zum Nachdenken anregen, wie Gott mit Seinen vier Schöpfungs-, gleich Schaffungskräften in der Materie wirkt, so dass der aufmerksame Leser unter Umständen die Nähe Gottes, den allgegenwärtigen Geist in der Materie erfassen kann.

Die ewigen vier Schöpfungs- und Schaffungskräfte, auch Ur-Kräfte genannt, haben in der Materie nur andere Namen und sind entsprechenden Begriffen zugeordnet, die uns Menschen begreifbar machen wollen, dass der Ur-Ewige in den verschiedenen Stoffen und Substanzen der Materie wirkt, so auch im Körper jedes Menschen.

Das Wirken der vier Ur-Kräfte
im verdichteten Sein

In folgenden Einschüben (Seite 61 bis 78) versuchen ein belesener Erdenbürger und ein Wissenschaftler, uns einiges über die vier Ur-Kräfte in der Materie zu vermitteln. Doch, wie gesagt, alles bleibt bei einem Versuch, den wirkenden Gottesgeist in der Materie zu entschleiern.

Wir hörten von den Schöpfungs- und Schaffungskräften, den vier Urkräften, die in sich die drei Eigenschaftskräfte des Vater-Mutter-Gottes tragen. Da alles in allem enthalten ist, sind auch in der Materie die Gesetzeskräfte des Geistes als energetische Grundkräfte enthalten.

Die vier Schöpfungs- und Schaffungskräfte, einschließlich der drei Eigenschaftskräfte, werden in der Materie zum einen durch den Fallgedanken, zum anderen durch die drei Dimensionen anders gesehen und in andere Formen gegossen als im reingeistigen Sein.

Alle Bemühungen der Wissenschaft sind, in Anbetracht der großen kosmischen Zusammenhänge, nur eine Spurensuche, wenn dafür auch noch so viele Mittel und Energie verwendet werden, Aufschlüsse darüber zu bekommen, was der Ursprung des materiellen Universums ist.

Wenn die moderne Physik mit komplexen Modellen die Urknall-Theorie wiedergibt, so macht sich so mancher die gängige wissenschaftliche Erklärung des materiellen Universums zu eigen. Die Urknalltheorie besagt, dass vor ca. 14 Milliarden Jahren aus einem unvorstellbar energiereichen Anfangspunkt mit dem sogenannten Urknall die Geburt des materiellen Kosmos in die Wege geleitet wurde. Aus ihm soll all das hervorgegangen sein, was im gesamten materiellen Kosmos mit den Milliarden von Sonnensystemen sichtbar und unsichtbar wirkt. Viele nehmen diesen für uns Menschen unvorstellbaren Vorgang als gegeben hin, einfach weil es die Wissenschaft heute so erklärt.

Bei dem Thema „Die redende All-Einheit – Das Wort des Universalen Schöpfergeistes" ist immer wieder von den „vier Wesenheitskräften und den drei Eigenschaftskräften Gottes" die Rede. Betrachten wir diese etwas eingehender, dann stellen wir fest: In allen Abläufen auf der Materie, aber auch in allen Lebensformen erkennen wir die vier Wesenheitskräfte Gottes, die sich als vier

Entwicklungs-, gleich Grundkräfte in allem Sein, also auch in der Materie, in den unterschiedlichsten Erscheinungsformen manifestieren.

Wissenschaftliche Erklärungsmodelle sind, so gewiss sie auch der jeweiligen Zeit erscheinen, in der Regel nur Erklärungsversuche, die dem Stand der jeweiligen wissenschaftlichen Forschung entsprechen. Sie basieren auf Beobachtung, Experimenten und den darauf aufbauenden Theorien. Dieses Wissen ist häufig nur so lange gewiss, bis es sich durch neuere Erkenntnisse als überholt erweist. Der neueste Stand in Physik, Mathematik, Astronomie, Biologie und anderen Wissenschaftszweigen lässt jedoch viele Parallelen zu der Gesamtschau erkennen, die uns aus der geistigen Welt übermittelt wird. Von besonderem Interesse ist diesbezüglich die Wirkungsweise der beschriebenen Ur-Kräfte des Alls im materiellen Kosmos.

Wo immer sich Naturwissenschaftler, Philosophen und Humanisten mit einer Erklärung der Harmonie des Alls beschäftigten, spielte die „Vierheit" eine zentrale Rolle. Die Entdeckung der Weltharmonie wird Pythagoras von Samos (570-510 v.Chr.) zugeschrieben. Die Pythagoreer gingen von einer Sphärenharmonie aus, in der jeder Himmelskörper entsprechend seiner Größe, Geschwindigkeit und

Distanz zu anderen Himmelskörpern einen bestimmten Klang erzeugt, die zu einer Sphärenmusik führt. Sie gingen von einer Übereinstimmung von mathematischen, musikalischen und kosmischen Harmonien aus. Grundlage und Schlüssel ihrer Welterkenntnis war die Vierzahl (Tetraktys). Die Pythagoreer hatten eine Eidesformel, in der es hieß: „... bei dem, der unserer Seele die Vierheit übergeben hat, welche die Quelle und Wurzel der ewig strömenden Natur enthält". Sie sprachen von „Gott, der unserem Wesen die heilige Vierzahl anvertraut, eingepflanzt dem ewigen Wesen". In der Musik stellten sie fest, dass die harmonischen Grundkonsonanten mit den vier Zahlen der Vierheit ausgedrückt werden können.

Die Vierheit bildet nach den Pythagoreern auch die Grundlage der Geometrie. Die Eins steht für den Punkt, die Zwei für die Linie, die Drei für die Fläche und die Vier für das Körpervolumen. Und Giordano Bruno, der sich auf die Pythagoreer berief, schrieb: „Die Vierheit ist das Erste, was in der Natur der Raumkörper gefunden wird ..." (Giordano Bruno, „Über die Monas, die Zahl und die Figur der Elemente")

Doch auch die moderne Physik kennt vier Grundkräfte, auf die sämtliche physikalischen Abläufe zurückzuführen sind. Warum gerade vier?

Es sind die in der physikalischen Welt beobachteten Erscheinungsformen von vier grundlegenden Kräften, die in der Materie wirksam sind. Diese Kräfte, die auch fundamentale Wechselwirkungen genannt werden, bewirken, dass sich bestimmte Teilchen anziehen, abstoßen oder auf eine andere Weise miteinander in Wechselwirkung treten können. Sie bilden das energetische Grundgerüst der sichtbaren Materie.

Eines der Ziele der modernen Physik ist es, ein Gesamtkonzept zu entwerfen, die sogenannte Weltformel, das die vier Grundkräfte oder Wechselwirkungen so zusammenfügt, dass es möglich wird, die vier Grundkräfte und alle ihre Erscheinungsformen auf eine Grundkraft zurückzuführen.

Die Lebensformen im reingeistigen Sein haben andere Strukturen als die Lebensformen in der Materie.

Der Geistleib der Wesen des Reiches Gottes ist in der Partikelstruktur aufgebaut, die durch die Prismensonnen vom Ur-Licht beatmet wird. Auch die Lebensformen im grobstofflichen Dasein werden vom Odem Gottes beatmet.

Allerdings bilden im Irdischen die Zellen den Grundbaustein des Lebens. In diesen Zellen wirken

die vier Kräfte der Schöpfungs- und Schaffungskraft Gottes ebenfalls, jedoch in der materiellen
Gestalt, in Strukturen und Verdichtungsformen,
anders als im Ewigen Sein, im Reich Gottes.

Die Wirkungskräfte der vier Schöpfungs- und Schaffungskräfte, die sich in den Körperzellen wider-
spiegeln, finden wir in den Gen-Grundbausteinen
der DNA. Es sind die vier Nukleinbasen, die in ihrer
unterschiedlichen Kombination die Basis bilden für
alle organischen Lebensformen. Aus ihrer unterschiedlichen Kombination heraus entwickelt sich
die unvorstellbare Vielgestaltigkeit aller Lebensformen im materiellen Sein.

Bedenken wir: Alles ist Energie, ist Schwingung.
Die vier geistigen Schöpfungs- und Schaffungskräfte strahlen in die Grobstofflichkeit ein und bringen innerhalb der im Materiellen gültigen Gesetzmäßigkeiten die entsprechenden Lebensformen
hervor. Auch die Bildung der Samenzellen beim
Mann basiert interessanterweise auf einer Ur-
Spermienzelle, die durch Teilung vier Ur-Spermien
entstehen lässt. Diese vier Ur-Spermien entwickeln sich zu vier typischen befruchtungsfähigen
Spermien. Aus einer Ur-Spermienzelle entstehen
also jeweils vier Ur-Spermien – auch hier ein kleiner Abglanz des Schöpfungsgeschehens.

Ebenso tragen die Lichterscheinungen im materiellen Sein in sich die Gesetzmäßigkeiten des Ur-Lichtes, allerdings abgestimmt auf die Gesetzmäßigkeiten der Verdichtung in der Materie. Besonders deutlich tritt uns diese entgegen, wenn wir das weiße Licht durch Prismen in sieben Spektralfarben brechen. Isaac Newton (1643-1727) legte die sieben Spektralfarben Rot, Orange, Gelb, Grün, Blau, Indigo und Violett fest. Das weiße Licht ist laut der Farbenlehre von Johann Wolfgang von Goethe (1749-1832) das ursächliche Licht, in dem die sieben Spektralfarben enthalten sind.

Ein Wissenschaftler berichtet

Allen physikalischen Phänomenen in der Natur liegen vier Grundkräfte oder, mit anderen Worten, vier fundamentale Wechselwirkungen zugrunde. Diese Grundkräfte sind: Gravitation, elektromagnetische Kraft, schwache Kernkraft und starke Kernkraft.
Von den Grundkräften kann der Mensch die Gravitation und die elektromagnetische Kraft im Alltag wahrnehmen. Die Gravitation sorgt für das Gewicht aller Lebewesen und Gegenstände und ist dafür verantwortlich, dass die Planeten in

bestimmten Bahnen um die Sonne kreisen. Die elektromagnetische Kraft ist für die meisten alltäglichen Phänomene wie Licht, Elektrizität und Magnetismus, Chemie und vieles mehr verantwortlich.

Die Gravitation und die elektromagnetische Kraft besitzen eine große Reichweite und sind im ganzen Weltall wirksam, während die schwache und die starke Kernkraft eine äußerst geringe Reichweite haben und nur im Bereich eines Atomkerns wirksam sind. Die schwache Kernkraft ist für bestimmte radioaktive Zerfallsprozesse verantwortlich, unter anderem auch für atomare Prozesse in der Sonne (Kernfusion), mit deren Hilfe die Sonne ihre Energie erzeugt. Die vierte Kraft ist die starke Kernkraft, die für den Zusammenhalt von Protonen und Neutronen verantwortlich ist. Die starke Kernkraft hält die Welt im Innersten zusammen.

Bei den heute im Universum vorherrschenden Teilchenenergien besitzen die elektromagnetische, die schwache und die starke Kernkraft sehr unterschiedliche Eigenschaften. Bei kurzen Distanzen ist die starke Kernkraft etwa 100-mal stärker als die anderen Kräfte. Man kann in den Experimenten in Teilchenbeschleunigern nachweisen, dass die Stärken der drei Kräfte sich zunehmend aneinander angleichen, je höher die Teilchenenergien und damit auch die Temperaturen sind. Ab einer bestimmten Temperatur kommt es zu einer Vereinigung der elektromagnetischen und der schwachen Kernkraft, was man dann als elektroschwache Kraft bezeichnet. Das Standardmodell der Teilchenphysik geht davon aus, dass es ab einer bestimmten Temperatur und Energie auch zu einer Verschmelzung der starken Kernkraft mit der elektroschwachen Kraft kommt. Bei noch sehr viel höheren Temperaturen und Energien könnte sich dann aus allen vier Naturkräften eine einheitliche „Superkraft" bilden.

Solche extremen physikalischen Bedingungen können nur beim Urknall aufgetreten sein.

Der Urknall

Der Urknall bezeichnet keine Explosion in einem bestehenden Raum, vielmehr versteht man unter dem Urknall im physikalischen Sinne den Anfangspunkt von Materie, Raum und Zeit.

Die meisten Astronomen gehen davon aus, dass das materielle Universum etwa vor 13,7 Mrd. Jahren mit dem Urknall begann. Das unmittelbare Urknallereignis selber kann physikalisch und mathematisch mit den uns bekannten Formeln nicht beschrieben werden.

Die Astronomen vermuten, dass zu Beginn des sichtbaren Universums ein sehr kleiner Raumbereich (kleiner als ein Stecknadelkopf) aus Raum-Zeit-Quanten-Schaum bestand.

Vermutlich dehnte sich innerhalb eines minimalsten Sekundenbruchteils nach dem Urknallereignis dieser winzige Raumbereich um riesige Dimensionen aus. Die Aufblähung des Universums war gigantisch. Man kann sich das in etwa so vorstellen, als würde sich ein Atom auf ca. 10.000 Lichtjahre ausdehnen. Ein Lichtjahr sind immerhin 9,5 Billionen Kilometer.

Die Wissenschaft hat natürlich nach Erklärungen gesucht, wie es zu dieser Aufblähung des Universums kam. Die meisten Astronomen gehen heute davon aus, dass ein sehr starkes Energiefeld, das sogenannte Inflatonfeld, die Ausdehnung bewirkt hat. Dieses Energiefeld hatte wohl eine abstoßende Schwerkraftwirkung, die mit dem wachsenden Raumvolumen immer weiter zunahm.

Am Ende dieser Aufblähung bestand ein sehr heißes Teilchengemisch mit Temperaturen, die bei rund 10^{29} (10 mit 29 Nullen) Kelvin lagen – also unvorstellbar hohen Temperaturen. Die anschließende Ära wird als die elektroschwache Ära bezeichnet. In dieser Phase traten die Fundamentalteilchen auf. Das Universum hat sich langsam immer mehr abgekühlt. Nach 380.000 Jahren wurde das Universum für Licht durchlässig. Aus dieser Zeit stammt die kosmische Hintergrundstrahlung, die heute durch Satelliten vermessen wird.

Als das Universum noch winzig klein war, müssen sich Quantenfluktuationen ereignet haben, die sich dann durch die Ausdehnung des Universums zu riesigen Größenordnungen aufblähten. Es entstanden im All Regionen mit mehr Teilchen und andere Regionen mit weniger Teilchen als im Durchschnitt. Innerhalb von einer Mrd. Jahre nach dem Urknall begann die Gravitation die ersten komplexen und massiven Strukturen aufzubauen. Neueste Messergebnisse deuten darauf hin, dass es im Universum 100 bis 200 Mrd. von Galaxien gibt, die alle mehr oder weniger unserer Milchstraße ähnlich sind. Jede Galaxie besteht aus bis zu 200 Mrd. Sternen; die Gesamtzahl der Sterne im Universum dürfte, in Worten gesprochen, bei 20 Trilliarden Sternen liegen, das ist eine Zahl mit 22 Nullen.

Wenn jeder Stern im Universum einem Feinsandkörnchen entspräche, dann könnte man die gesamte Fläche Deutschlands einen halben Meter hoch mit Sand bedecken.

Lange Zeit glaubte man, mit dem Urknallmodell sozusagen den Schlüssel zum Verständnis des Universums gefunden zu haben. In den letzten Jahren zeigte sich aber zunehmend, dass viele Phänomene im Universum weder richtig erforscht noch verstanden sind. Ein Beispiel ist die dunkle Materie. Im Verlauf des 20. Jahrhunderts entdeckten Astronomen bei der Beobachtung von Galaxien und Galaxienhaufen, dass deren Dynamik nicht aus der Menge der sichtbaren Materie zu erklären ist. Es muss deutlich mehr Materie im Universum geben als angenommen. Weil diese Materie kein Licht abstrahlt, nannte man sie dunkle Materie. Wie wir heute wissen, befindet sich um die Galaxien ein Hof aus dunkler Materie, der mindestens 10-mal so groß ist wie die Region, in der die Sterne kreisen.

Erst seit wenigen Jahren ist bekannt, dass sich unser Universum ganz anders entwickelt, als bisher angenommen wurde. Entgegen bisheriger Vorstellungen dehnt sich das Universum seit ca. 5 Mrd. Jahren immer schneller aus, was man als kosmische Beschleunigung bezeichnet.

Das Raumvolumen im All muss eine Art innere Energie besitzen, die stets nach außen drückt und versucht, das Universum größer werden zu lassen. Das Besondere daran ist, dass diese Kraft mit zunehmendem Volumen auch zunimmt. Es gibt noch keinerlei wissenschaftliche Erklärung für diese Energie, die man als dunkle Energie bezeichnet.

Man geht heute davon aus, dass das Universum nur zu 4,6 Prozent aus atomarem Material besteht, das wir auch sehen können. Etwa 23 Prozent sind dunkle Materie, knapp 73 Prozent entfällt auf die dunkle Energie.

Wenn die dunkle Energie im Universum die Oberhand behält, wovon Astronomen ausgehen, kommt es zu einer völligen Auflösung aller materiellen Bausteine. Selbst die schwarzen Löcher werden dann vermutlich zerstrahlt; es gibt dann nur noch eine minimale Strahlung.

Wenn aus irgendwelchen Gründen die Schwerkraft im All die Oberhand gewinnen sollte, würde sich das Universum zusammenziehen und irgendwann ganz verschwinden.

Was war vor dem Urknall?

Die allgemeine Relativitätstheorie besagt, dass an einem Punkt in der kosmischen Vergangenheit die Welt ihren Anfang nahm. Fragen nach dem „Davor" würden keinen Sinn machen. Das Urknallmodell beschäftigt sich mit der Frage, wie der Urknall *stattgefunden hat. Sie fragt aber nicht nach dem Grund des Urknalls und stellt schon gar nicht die Frage, was zuvor war. Einige Astronomen und Physiker geben sich mit dem Urknallmodell nicht zufrieden und haben ganz andere Ideen entwickelt.*

Es gibt z.B. das Modell eines Urschwungs: Vor unserem Universum bestand ein anderes Universum, das von Quantenfeldern erfüllt war und aus reiner Energie bestand. Andere mathematisch-physikalische Modelle gehen von zyklischen Universen aus. Der Endzustand eines Universums führt automatisch wieder zu einem Neuanfang in Form eines Urknalls.

Physiker haben sich immer wieder gewundert, dass unter den vier Fundamentalkräften der Physik die Gravitation mit großem Abstand die schwächste aller Kräfte ist. Eine Hypothese ist, dass die Gravitation sozusagen in ein Paralleluniversum einsickert und sich dadurch in unserem Universum ausdünnt.

Zusammenfassend kann man Folgendes sagen: Nach derzeitigem wissenschaftlichen Kenntnisstand dürfte unmittelbar zum Zeitpunkt des Urknalls eine einheitliche Kraft bestanden haben, aus der sich als erstes die Gravitation abspaltete und im weiteren Verlauf dann die anderen Grundkräfte.

Die vier Quantenzahlen

So wie für die Physik die vier Naturkräfte eine herausragende Rolle spielen, so haben für die Chemie die vier Quantenzahlen eine zentrale Bedeutung.

Als man den Aufbau eines Atoms erforschte, wusste man recht schnell, dass der Atomkern aus Protonen und Neutronen besteht. Um den Kern herum kreisen die Elektronen. Die Elektronenhüllen der Atome spielen für chemische Reaktionen und Verbindungen eine zentrale Rolle. Es dauerte viele Jahre, bis man den Zustand der Atomhülle befriedigend beschreiben konnte.

Um ein Elektron richtig beschreiben zu können, benötigt man vier Quantenzahlen: die Hauptquantenzahl, die Nebenquantenzahl, die Magnetquantenzahl und die Spinquantenzahl.

Eine wichtige Gesetzmäßigkeit in der Chemie und Physik besagt, dass in einem Atom nie zwei Elektronen auftreten können, die in allen vier Quantenzahlen übereinstimmen. Jedes Elektron hat also eine eigene Prägung, das heißt ein eigenständiges Quantenzahlmuster.

Vier Basen bestimmen den genetischen Code.

Die Desoxyribonukleinsäure (DNA) ist der Träger der genetischen Information bei fast allen Lebensformen. Nur einige wenige Virusarten verwenden die Ribonukleinsäure (RNA) als Informationsspeicher. Für die Speicherung und Codierung der genetischen Information sind nur vier Moleküle notwendig, die man als Nukleinbasen bezeichnet: Adenin, Guanin, Cytosin und Thymin. Eine Dreiergruppe aufeinanderfolgender Nukleinbasen ist der Code für eine Aminosäure. Aminosäuren sind bekanntlich die Bausteine sämtlicher Eiweiße. Die Natur benötigt also nur vier verschiedene Moleküle zur Verschlüsselung der Informationen des Erbguts. Bemerkenswert ist, dass der genetische Code bis auf wenige Ausnahmen für alle Lebewesen gleich ist. Alle Lebewesen bedienen sich also derselben genetischen Sprache.

Vier-Elemente-Lehre

In der Medizin der Antike wurde die sogenannte Vier-Säfte-Lehre entwickelt, die bis Ende des 19. Jahrhunderts dominierend für die Naturwissenschaften und die damalige Medizin blieb. Die vier Körpersäfte waren: Blut, gelbe Galle, schwarze

Galle und Schleim. Diesen Flüssigkeiten wurden auch entsprechende Temperamente zugeordnet: Phlegmatiker, Sanguiniker, Choleriker und Melancholiker.

Die Temperamentenlehre inspirierte sogar bis ins 20. Jahrhundert die Persönlichkeitspsychologie. Die antiken Ärzte (z.B. Hippokrates von Kos, Galenos von Pergamon) verstanden unter Gesundheit eine harmonische Mischung der Körpersäfte. Nach ihrem Verständnis entstanden Krankheiten durch eine fehlerhafte Mischung dieser vier Substanzen.

Wichtige Biomoleküle haben Viererstruktur.

Es gibt eine Gruppe von Naturstoffen, die eine ausgeprägte Viererstruktur in ihrem Aufbau aufweisen. Diese Stoffe nennt man Porphyrine; sie bestehen aus vier symmetrisch angeordneten Ringmolekülen. Zur Gruppe der Porphyrine gehören ganz wichtige Moleküle, z.B. der rote Blutfarbstoff Hämoglobin, der rote Muskelfarbstoff Myoglobin, elektronenübertragende Proteine in den Kraftwerken der Zelle, Enzyme zur Entgiftung freier Radikale. Die auf der Erde am häufigsten vorkommende Verbindung dieser Art ist das Chlorophyll der Pflanzen. Mit Hilfe dieses grünen Pigments kann die Pflanze das Sonnenlicht als Energiequelle zur

Bildung von Traubenzucker nutzen. Auch das Vitamin B12 hat einen ähnlichen molekularen Aufbau wie Hämoglobin. Interessant bei den Porphyrinen ist, dass im Inneren des Moleküls, eingehüllt von den vier Ringmolekülen, sich unterschiedliche Metalle befinden können, z.B. Eisen beim Hämoglobin, Magnesium beim Chlorophyll und Cobalt beim Vitamin-B12-Molekül. Die wichtigsten Moleküle für die Energiegewinnung sind bei allen Lebewesen ähnlich aufgebaut.

Die All-Harmonie des
Ewigen Seins

Liebe Mitmenschen, viele Worte über die walten-
den vier Ur-Kräfte in der Materie entwickeln sich
wieder zu einem Zerrbild. Es bleiben Vermutungen
und Hypothesen; es ist das Bemühen und der
Versuch, mit vielen Worten etwas ausdrücken
zu wollen, worüber doch der Schleier der drei
Dimensionen bleibt.

Kehren wir zurück von den wissenschaftlichen
Darlegungen zu den Erläuterungen über das wah-
re Sein – „Die redende All-Einheit, das Wort des
Universalen Schöpfergeistes", aus der Schau des
geistigen All-Wirkens des Ewigen, so, wie Gabriele
es in Gesprächsrunden dargelegt hat.
Das Ewige Sein ist die All-Harmonie. Es sind die
Sphärenklänge des Ewigen Seins. Alle Sonnen und
Planeten in allen Himmelsebenen des Reiches
Gottes sind in ständiger harmonischer Bewegung.
Die Bewegung der Gestirne und deren Klänge sind
in völliger Übereinstimmung mit den Klängen aller Lebensformen und mit den Geistwesen, die
in den jeweiligen Himmelsebenen leben und auf
den verschiedenen Wohnplaneten ihre geistigen

Bauwerke haben, wo die geistigen Familien wohnen und leben. Das ist wahres Leben, das ist All-Kommunikation.

Diese Aussage von den himmlischen Bauwerken und den Familien im Reich Gottes kann mit den Häusern und Palästen auf dieser Erde nicht verglichen werden, auch nicht mit den Familien dieser Welt.

Die Bauwerke im Ewigen Sein werden nicht erbaut, sondern von den Geistwesen geschaffen, und zwar aus dem ätherischen Urstoff des jeweiligen Wohnplaneten. Die ätherische Substanz des Wohnplaneten wird angehoben, so dass das geschaffene Bauwerk mit dem Planeten in absolutem Einklang ist.

Jede Himmelsebene hat ihre spezifische Farbe und ihre Formgebung.

Die Geistwesen in allen Himmelsebenen sind, je nach ihrer Mentalität, entsprechende Klangkörper. Auch ihre Kleider entsprechen der Farbe der jeweiligen Himmelsebene. Ebenso haben alle Lebensformen, vom Mineral bis zum ausgereiften Naturwesen, je nach Bewusstseinsstand, die entsprechende Form und ihr Aussehen, das sich in den Farbnuancen widerspiegelt.

Jede Farbe hat ihren Duft und, je nach Entwicklungsstand, den entsprechenden Klang. Sämtliche Farbgebungen kommen vom Ur-Licht, der Ur-Zentralsonne, über die Prismensonnen, die, wie gesagt, das ätherische weiß-goldene Licht der Ur-Zentralsonne in Lichtspektren zerlegen und in die Unendlichkeit strahlen.

Form, Farbe, Duft und Klang spiegeln in allen Facetten die Einheit wider, auch mit den Klängen sämtlicher Gestirne in allen Himmelsebenen. Wenn z.B. Geistwesen von einer Himmelsebene zur anderen wechseln, nimmt die Grundfarbe ihres Kleides die Farbe der entsprechenden Himmelsebene an. Warum? Weil alle Farben in den Kleidern der göttlichen Wesen und somit auch in allen Kräften des Seins enthalten sind. Auch in allen Lebensformen, einerlei, welchen Entwicklungsstand sie haben, ist die Form, die Farbe, der Duft und der Klang vorgegeben.

Form, Farbe, Duft und Klang gehören zur All-Einheit so, wie auch in allen Himmelsebenen sämtliche Sonnen und Planeten zur göttlichen Einheit gehören. Das ergibt die Sphärenharmonie, die Sphärenklänge des Ewigen Seins.

Der Sinn unseres Erdenlebens – die Bewusstwerdung unserer wahren Herkunft

Alles, was hier in Worten wiedergegeben wird, die dem dreidimensionalen Dasein entsprechen, ist nicht einmal ein Hauch aus dem Ewigen Sein. Derzeit sind wir Menschen auf dieser Erde, um uns unserer Herkunft wieder bewusst zu werden, indem wir den Weg nach innen gehen, hin zu unserem wahren Sein, das im Urgrund unserer Seele pocht und anklopft und uns immer wieder ruft und ermahnt, den Weg zu gehen, der frei und glücklich macht, und der uns erahnen lässt, dass wir wahrlich nicht von dieser Welt sind, sondern Söhne und Töchter des Ewigen, des Vater-Mutter-Gottes.

Das Menschsein hat jeder von uns angenommen, der eine mehr, der andere weniger, um uns wieder als göttliche Wesen im Urgrund unserer Seele zu finden, um uns der Einheit mit allen positiven Kräften bewusst zu werden und mit allen Lebewesen zu einen, auch mit dem Innersten in jedem Menschen. Das bedeutet, tagtäglich unsere Gefühle, Empfindungen, Gedanken, Worte und Handlungen zu überprüfen und uns selbst Rechenschaft zu geben, ob das, was wir fühlen, empfinden, denken, reden und tun, den ewigen Gesetzmäßigkeiten des Reiches Gottes entspricht. Durch die Inhalte der Zehn Gebote Gottes und der Lehren der Bergpredigt des Jesus von Nazareth ist uns geboten, uns jeden Tag zu prüfen und zu besinnen, dass alles, was rechts, links, oberhalb und unterhalb von uns ist, Lebensinhalte hat, die als göttliche Essenz des Lebens zur All-Einheit gehören.

Sensitiv zu werden heißt, zu verstehen, dass alles lebt und alles untereinander und mit der All-Einheit in kommunikativer Verbindung steht.

Die fünf Komponenten im Leben des Menschen, die zu Kampfstoffen werden

Immer wieder hören und lesen wir, dass wir unser Fühlen, Empfinden, Denken, Reden und Handeln überdenken sollen. Diese fünf Komponenten in Verbindung mit unseren Sinnen können zum Sprengstoff werden, denn es sind Energien, die von uns ausgehen, deren Wirkungen letzen Endes stets den Absender treffen.

Um zu lernen, könnten wir uns fragen:
Wer sind wir, und was senden wir aus?

Des Menschen fünf Komponenten, mit denen er tagtäglich arbeitet, sind die Inhalte des Fühlens, Empfindens, Denkens, Sprechens und Handelns. Wenn man die heutige Zeit und diese Generation näher analysiert, dann sind diese fünf Komponenten zu Kampfstoffen geworden, die sich gegen den Absender richten. Wenige Menschen denken über die fünf Komponenten nach, vor allem über deren Inhalte, denn das sind die Geschosse, die der Mensch tagtäglich abfeuert und die ausschließlich aus seinem Waffenarsenal kommen.

Zum Beispiel legt jeder Mensch in seine Gefühle, Empfindungen und insbesondere in seine Gedanken seinen persönlichen Kampfstoff hinein.

Es kann durchaus gesagt werden, dass jeder einzelne Mensch in seinen fünf Komponenten seine speziellen, spezifischen Kampfstoffarsenale angelegt hat. Jeden Tag werden entweder aus dem Arsenal „Fühlen" oder aus dem Arsenal „Gedanken", „Worte" oder gar „Handlungen" Geschosse gegen Menschen, Tiere und Natur abgefeuert, die aber auch Menschen treffen und sie anregen, Gleiches oder Ähnliches zu denken oder gar anzuordnen, Ungutes zu tun, z.B. Tierarten zu misshandeln oder am Planeten Erde Raubbau zu betreiben.

Die Geschosse, die einschlagen, können bei mehreren Menschen Initialzündungen sein, die Gleiches und Ähnliches aufwirbeln. Ein großer Teil der Wirbelmasse, die Splitter, kommen auf den Absender zurück, der unablässig seine negativen Botschaften, seine Kampfstoffe aussendet. Sie treffen haargenau den Absender. Die Folgen sind Schicksalsschläge, Nöte, Sorgen, Unfälle, Krankheiten bis hin zu einem vorzeitigen Tod, je nachdem, was die Geschosse beinhalten. Wie gesagt, die Einschläge der Geschosse, die Splitter also, treffen vorwiegend den Absender, aber auch die Menschen bekommen davon ab, die Gleiches und

Ähnliches mit den Inhalten ihres Fühlens, Denkens, Redens und Handelns abfeuern. Der Urheber ist jedoch immer der Absender.

Da in der ganzen Unendlichkeit einschließlich der Materie alles auf „Senden und Empfangen" beruht, heißt das Sündenregister: Was du säst, also sendest, wirst du ernten, also empfangen.

Der Mensch vergiftet sich selbst und seine Umwelt durch seine fünf Komponenten, die zu Kampfstoffen werden.

Die fünf Komponenten Fühlen, Empfinden, Denken, Sprechen und Handeln können aber auch positive Weggefährten sein, vor allem dann, wenn sie nach dem ewigen Gesetz der Gottes- und Nächstenliebe angewendet werden. Das wäre dann der Weg zur höheren Ethik und Moral, bis hin zum Leben, dem Ur-Herzen des Seins. Die Reinigung der fünf Komponenten bedeutet natürlich Arbeit an sich selbst. Das heißt, immer dann, wenn aus einem der fünf Komponenten, z.B. aus den Gedanken, Assoziationen kommen, die zu Handlungen führen, die anderen schaden, ist Vorsicht geboten. Dies ist zum Beispiel der Fall, wenn mit schönen Worten der Nächste zu etwas veranlasst werden soll, was dieser nicht vor hatte, wir ihn aber beeinflussen, damit er uns zu Diensten ist.

Der Hauptkampfstoff –
unsere Gedanken

Es gibt viele solcher Inhalte in unseren fünf Komponenten, z.B. in unseren Gedanken, und jeder Mensch hat andere.

Wir Menschen denken unablässig. Unsere Gedanken sind der Hauptkampfstoff in unserem „Waffenarsenal". Mit ihren Inhalten, die sich oft in bildhaften Abfolgen aufbauen, fabrizieren wir den Kampfstoff, der sich letzten Endes gegen uns selbst richtet.

Der Mensch denkt, denkt und denkt unablässig, ohne sich bewusst zu machen, dass jeder Gedanke Energie ist und zur Verwirklichung drängt. In Gedanken gehegte negative Inhalte gegen unseren Nächsten können aus Erwartungen, Neid oder Feindseligkeit bestehen, bis hin zu Ablehnung und Hass; sie formieren sich energetisch und kommen irgendwann, sei es durch Worte oder Taten, zur Anwendung.

Der Gedanke ist der Vorarbeiter, der all das aufbereitet, was sich in der Wunsch- und Gedankenwelt an Inhalten tummelt. Eines Tages drängt die gespeicherte Gedankenenergie zur Verwirklichung dessen, was wir uns in Gedanken ausgemalt und zurechtgelegt haben. Der schleichende Aufbau

der Kampfstoffe in unserem gedanklichen Waffenarsenal kann zur explosiven Entladung kommen,
sei es unserem Nächsten gegenüber, aber auch
gegen die Natur, die Tiere und Pflanzen oder dadurch, dass die Sprengkraft der Negativinhalte in
unseren Organen und Körperzellen einschlägt. Die
negativen Speicherungen der Inhalte unserer Gedanken führen zu Verschlossenheit, Geheimnis-
sen, intellektuellem Säbelrasseln und letztlich zu
Brutalität gegenüber dem Leben.

In den Gedanken legen wir an, was sich in den
Worten und Handlungen manifestiert. Die Inhalte
der fünf Komponenten sind die Schmiedewerk-
zeuge unseres Schicksals; damit bauen wir die
Ursachen auf, die irgendwann zu Wirkungen werden.

Sogar unsere Wünsche in Bezug auf unseren
Speiseplan sind durch die Inhalte der fünf Komponenten geprägt, die gleichzeitig auf die Wahrnehmung unserer Sinne einwirken. Das führt dazu,
dass zu bestimmten Festen Tiere, die eigens dafür
gezüchtet und unter unwürdigsten Verhältnissen
eingepfercht ihr Dasein fristen müssen, geschlachtet werden, nur damit der Mensch sie unter aus-
drucksstarkem Lobgesang, wie gut das Fleisch der
drangsalierten Tierkörper schmeckt, mit Gaumenlust und Gaumenfreuden verzehrt.

Andere Opfer, unsere Mitgeschöpfe, werden zu diesem Zweck gejagt, gehetzt und erschossen. Sie finden oftmals erst nach qualvollen, angsterfüllten Stunden den Tod. Durch die Auftragsmörder manifestieren sich die todbringenden Kampfstoffe, die auch in den fünf Komponenten ihren Ursprung haben.

Dasselbe gilt auch für die Ausbeutung des Erdreiches. Die Erde verschenkt ihren Reichtum. Doch das ist dem Menschen nicht genug. Getrieben von den Inhalten der fünf Komponenten, verwendet er künstliche Düngemittel und tötet das Bodenleben mit Giftstoffen ab, nur um das Letzte aus der Erde herauszupressen. Es sind die unterschiedlichen Assoziationen aus den fünf Komponenten, die uns dazu bewegen, unsere Kampfstoffe gegen das Leben einzusetzen. Das ist auch immer dann der Fall, wenn wir etwas planen, das unseren Mitmenschen schadet oder den Tieren in und auf den Feldern, in den Wäldern, in den Flüssen, Seen und Meeren, die dadurch auf grauenvolle Art und Weise das Leben verlieren, und, und, und.

Unser Lebensfilm –
wir Menschen leben in Bildern.

Viele Menschen wissen, dass alles Energie ist und keine Energie verloren geht, und dass Energie übertragbar ist, auch durch unsere Gedanken, Worte und Verhaltensweisen.

Wir Menschen leben in Bildern. Die gesamte Verhaltensweise jedes Einzelnen besteht aus unzähligen Bildfolgen, wir könnten sagen: aus einem Film, den wir durch die Inhalte der fünf Komponenten – des Fühlens, Empfindens, Denkens, Redens und Handelns – immer wieder neu abspulen, aber auch unablässig aktivieren, wobei immer neue Bildfolgen hinzukommen.

Wenn Sie das eben Dargelegte nicht glauben können, dann versuchen Sie einmal, langsam und bewusst zu denken! Bei diesen Übungen werden Sie bald erkennen, dass sich ein Bild oder gar Bilder aufbauen wollen. Brechen Sie nicht ab, versuchen Sie, das, was Sie denken, anzuschauen. Was aus unserer persönlichen Vergangenheit ist, das erleben wir in Bildern. Es ist so, weil keine Energie verloren geht. Dabei können wir gleichzeitig denken und reden, oder wir sprechen gar darüber, was wir in uns sehen.

Wie gesagt, gehören auch unsere Handlungsweisen zu den Bildfolgen.

Was wir nicht selbst erlebt haben, was wir also nur vom Hörensagen kennen, worüber wir uns aber Gedanken machen oder worüber wir reden, entwickelt sich unter Umständen ebenfalls zu einem Bild. Ob dieses Bild, das aufgrund von Gesprächen entstand, uns oder anderen entspricht, sei dahingestellt. Wir können das, was der andere sagt, nicht kontrollieren, weil seine Darlegungen nicht auf unserer Filmspule verzeichnet sind. Falls wir dem Gesagten Glauben schenken und es bejahen, bauen wir das Bild, das wir uns bei dem Gespräch gemacht haben, automatisch mit in unsere Filmspule ein.

Das heißt also: Wir sind Produzenten. Wir produzierten unsere Vergangenheit – das, was wir selbst schufen durch die Inhalte unserer fünf Komponenten – auf unserer Filmspule und lassen eventuell ebenfalls das von anderen Gehörte auf unserer Filmspule bildhaft lebendig werden.

Alles, aber auch alles, sind Bilder, und diese laufen in Bildfolgen ab. Die Details unserer gesamten Lebensäußerungen und auch das, was wir über Zweite oder Dritte hörten und worüber wir uns ein Bild machen, bauen wir in unseren Lebensfilm ein, aber auch das, was wir erwerben, was wir einkaufen, was wir verzehren, was wir bewegen, sind Bildfolgen, die sich in unserem Lebensfilm, auf unserer Filmspule wiederfinden.

Warum die Waffenarsenale dieser Welt?

Wenn wir erfassen, dass wir mit unseren Gefühlen, Empfindungen, Gedanken und Handlungen Waffenarsenale erbauen und wir uns bewusst machen, dass alles Energie ist und keine Energie verloren geht, dann wird es uns auch verständlich, wie es überhaupt dazu kommen kann, dass unser Erdplanet über und über mit Waffensystemen aller Art bewaffnet ist.

Sieben Milliarden Menschen fühlen, empfinden, denken, sprechen und handeln jeden Tag, jede Stunde, jede Minute, jede Sekunde, ja jeden Augenblick. Gemäß den Inhalten der fünf Komponenten werden entsprechend Energien freigesetzt. Sind sie negativ, dann bilden sie die energetischen Baustoffe – nicht nur für Waffenarsenale im übertragenen Sinn, sondern sie sind auch tatsächlich die Basis dafür, dass Menschen angeregt werden, Waffen zu entwickeln, Waffen herzustellen, Waffen in Stellung zu bringen, mit Waffen zu üben, um sie letztlich gegen den Nächsten einzusetzen.

Die Negativinhalte der fünf Komponenten streuen die Splitter der Kampfstoffe und geben zu weiterem Negativen den Anstoß, wenn sie bei einzelnen Mitmenschen oder Gruppen von Menschen auf ähnliche Inhalte treffen.

Sie können auch in energetischen Negativbündelungen ganz konkrete Auswirkungen haben, indem das negative Energiepotential, das durch das Fühlen, Empfinden, Denken, Sprechen und Handeln in jedem Augenblick von sieben Milliarden Menschen geschaffen wird, als materielle Manifestation in den Waffenarsenalen dieser Welt sichtbar wird.

Die unterschiedlichsten Inhalte dieser Negativenergie regen die entsprechenden Menschen an, die Waffen entwickeln; es entstehen dann wieder neue Ideen für immer weiter entwickelte todbringende Waffensysteme. Dadurch werden sie noch raffinierter, ihre Wirkung immer zerstörerischer, bis hin zu autonomen Waffensystemen, die letztlich nur allein aufgrund ihrer Programmierung vollautomatisch ihr zerstörerisches Wirken an ihrem vorgegebenen Zielobjekt vollstrecken können.

Woher kommt die Energie, derartiges zu erfinden? Woher kommt die Möglichkeit, solche Waffensysteme mit viel Aufwand und Energie zu planen, zu konstruieren und zum Einsatz zu bringen?

So facettenreich wie die negativen Inhalte der fünf Komponenten sind – die energetisch aufgebauten Waffenarsenale im Fühlen, Empfinden, Denken, Sprechen und Handeln des Menschen – so ausgeklügelt und vielseitig ist die todbringende Maschinerie zu Wasser, zu Land und in der Luft; Kriegsschiffe, Flugzeugträger, atombetriebene U-Boote und Seeminen im Meer, Kampfhubschrauber, Kampfjets und Raketen, vollautomatisch agierende, todbringende Drohnen in der Luft und Panzer und Raketensysteme am Boden, bis hin zu den alles zerstörenden Atombomben.

All diese Waffensysteme sind das Produkt von Gedanken, Gefühlen und dem planmäßigen Handeln von Menschen, gespeist durch die Summe der Negativenergie aller Kampfstoffe, die sich in den fünf Komponenten der gesamten Menschheit als mörderische Inhalte tummeln. Oftmals kaum wahrnehmbar und unscheinbar, meist als harmlos abgetan, formieren sie sich energetisch, um Menschen dazu anzuregen, die Aggression, die Brutalität und die Gewalttätigkeit, die in der Waffenfabrik unserer fünf Komponenten entstehen, in den Waffenfabriken dieser Welt als reale Waffenarsenale herzustellen. Wie mit einer Linse werden die verschiedenen Kampfstoffe gebündelt, so dass sich deren lebensfeindliche Energie in der Leben zerstörenden Maschinerie der Kriegsindustrie niederschlagen kann.

Kampf und Kriegswaffen gegen Gottes Schöpfung

Betrachtet man aus einer anderen Sichtweise den Kampfeinsatz gegen Gott, gegen Seine All-Liebe, dann ist heute zu erkennen, dass das Geschwür dämonischer Machenschaften eine andere Saite aufgezogen hat: einst Auflösung der göttlichen Schöpfung – heute Zerstörung.

Viele Menschen haben sich dem dämonischen Diktat unterworfen, alles zu zerstören, was sich nicht gleichschalten lässt, ob Freund oder „Feind". Man tötet die unliebsamen Feinde, seine Nächsten. Man entwirft immer grässlichere, ausgeklügelte Kampfwaffen und produziert sie auch.

Kampfwaffen sind Tötungsmaschinen gegen Menschen, Tiere und Natur. Gewissenlos geht man maschinell gegen seinen Nächsten vor, und kaum einer denkt darüber nach, dass mutwilliges Töten unserer Nächsten Brudermord ist.

Gerade die deutsche Waffentechnologie steht bei den Regierenden so mancher Länder hoch im Kurs.

Deutsche Waffenexporte stehen mit an vorderster Stelle. Die Regierung eines Landes, die sich auf Jesus, den Christus, beruft und Kriegswaffen produziert, hat schon längst den Fehdehandschuh dem Nazarener zugeworfen, der die Menschen lehrte: *„Alle, die zum Schwert greifen, werden durch das Schwert umkommen"*, oder *„Was immer ihr einem dieser Geringsten Meiner Brüder getan habt, das habt ihr Mir getan."*

Für die ausgeklügelten Kriegswaffen bedarf es Unsummen von Geld, gleich Energien. Das bedeutet, dass man für hungernde Menschen, für verhungernde Kinder kein Geld hat. Man lässt sie am ausgestreckten Arm wissentlich hungern und verhungern. Menschen werden bewusst für Waffenarsenale geopfert. Das ist Kinder-, gleich Brudermord.

Der Versuch, Gottes Schöpfung aufzulösen, ist gescheitert. Jetzt zerstört und tötet man um so mehr. Man wütet geradezu, jeder gegen jeden und gegen Gottes Schöpfung, gegen Gottes Einheit, gegen Gottes Liebe und Nächstenliebe.

Der Kampf gegen Gott heißt unter anderem auch Quälen der Tiere, Töten und Hinmorden unserer Mitgeschöpfe, Zerstörung der Natur und Ausbeutung des Erdplaneten.

Man wütet und kämpft gegen Gottes Schöpfung, gegen das Gebot der Gottes- und Nächstenliebe und gegen das Gesetz der Freiheit.

Wer Tiere, eingepfercht als Massenware, als Schlachttiere hält und zur gegebenen Zeit dem Schlächter überantwortet, ist nicht besser als der, der sie tötet. Wer das Fleisch der gequälten und hingerichteten Tiere verzehrt, ist nicht besser als der, der sie für die Hinrichtung hält und zur Hinrichtung führt.

Das alles ist gegen Gottes Liebe, gegen Seine Schöpfung, gegen das Leben, das Einheit ist.

Auch der Natur gebührt Achtung und Wertschätzung, denn auch sie trägt das Leben aus Gottes Kraft. Wer die Natur schändet, ist gegen Gott, gegen Gottes Liebe. Wer die Erde ausbeutet und den Erdplaneten dem Kipp-Punkt zuführt, ist nicht besser als der, der Menschen tötet oder sie töten lässt, der Tiere quält und tötet oder zum Töten führt. Wer den Wohnplaneten, als Ganzes gesehen, schändet, der handelt gegen das Leben, gegen Gottes Liebe und Seine Schöpfung.

Die sogenannte „Christenheit" hat dem Nazarener den Fehdehandschuh zugeworfen und die Erde, die zur Gottesschöpfung gehört, hat ihn aufgefangen und den Menschen zurückgeworfen.

Der Mensch hat sich seine Ernährerin, die Mutter Erde, zum Feind gemacht. Die Erde wird den Feind besiegen; das ist schon angezeigt mit dem einen Wort: „Klimawandel".

Die fünf Kampfstoffe des Vandalen „Mensch"

Ein Teilnehmer der Gesprächsrunden mit Gabriele erlebte, wie sie um die Worte rang, um uns zu erklären, wie Gott, der Ewige, in Liebe und Demut Seiner Schöpfung begegnet. Er berichtete:

Mir wurde bewusst, dass der grausame Vandale Mensch sich heute noch vor dem Gott Baal verbeugt, der sich in der heutigen Zeit lediglich mit anderen Namen schmückt. Aber seine Grausamkeit von gestern ist auch seine Grausamkeit von heute. Der Mensch haust zügellos als Immigrant auf Gottes Erdboden wie ein Vandale und macht alles nieder, was Gott, dem Ewigen, gehört.
Die Wissenschaft lehrt, dass keine Energie verloren geht und dass auch Gedanken Energien sind, die ihre Zielrichtung nicht verfehlen.
Sieben Milliarden Menschen senden, senden und senden jeden Augenblick Gedankenenergien mit unterschiedlichsten Inhalten zu ihren Mitmenschen,

zu den Tieren, zu der Natur und in die Atmosphäre der Erde, geben also ihren persönlichen Gedanken-Kampfstoff an die Umwelt ab, der sich dort mit gleichartigen Inhalten von Gedankenenergien verbindet und potenziert. In den meisten Fällen sind die Inhalte des Empfindens, Fühlens, Denkens, Redens und Handels der Menschen gegen die Zehn Gebote Gottes und die Bergpredigt des Jesus von Nazareth und somit, energetisch gesehen, negative Strahlungsmuster, also negative Strahlungsenergien, die unablässig ausgesendet werden.

Wenn das nicht so wäre, warum ist es dann um die Erde mit allen ihren Lebensformen dermaßen schlecht bestellt, auch wenn Illusionsmanager aus Politik, Wirtschaft und Kirchen versuchen, das relativ kurzfristige und unvermeidbare Ende der jetzigen menschlichen Zivilisation schönzureden?

Wer prägte und prägt die Menschen der Völker in ihren ethischen und moralischen Denk- und Verhaltensweisen und lehrt sie, das oftmals negative Verhalten, das gegen jedes Leben ist, als positives Gebaren wahrzunehmen und nachzuahmen?

Wer lehrt, schult und erzieht die Menschen in den Werten oder Unwerten, die sie letztlich vertreten und die sie in den Inhalten ihrer Strahlungsenergien des Empfindens, Fühlens, Denkens, Redens und Handelns unablässig aussenden?

Wenn wir den Zustand unserer Welt und Umwelt betrachten, stellt sich daher die Frage:
Woher kommt die weit verbreitete Gewissenlosigkeit und Verantwortungslosigkeit gegenüber Menschen, Natur und Tieren?
Woher kommt diese Gleichgültigkeit, die letzten Endes zur Selbstzerstörung der menschlichen Zivilisation führt?

Wer spielte und spielt sich seit 1700 Jahren als ethisch-moralische Instanz auf und hält diesen Anspruch als hochgelobte Tradition bis heute aufrecht?
Und wer lässt sich diesen Anspruch allein in Deutschland mit zig Milliarden Euro an allgemeinen Steuergeldern Jahr für Jahr bezahlen? Wer?

Wer mit offenen und wachen Sinnen durch das Leben geht, wird Folgendes feststellen, berichtete der engagierte Teilnehmer der Gesprächsrunde:

Die Kampfstoffe unserer fünf Komponenten, auf die Ebene der kirchlichen Traditionen bezogen, zeigen sich wie folgt:
Den sogenannten christlichen Feiertagen gehen Jahr für Jahr riesige Schlachtfeste voraus, bei denen Millionen und Abermillionen Liter Blut fließen. Große Teile der Bevölkerung denken sich nichts dabei, wenn Millionen über Millionen Tiere geschlachtet werden.

Gerade die traditionelle Martinsgans gehört zu den Leid-Wesen der Tötungsmaschinerie. Martin von Tours wird wegen seiner Barmherzigkeit in der Geschichte erwähnt, weil er angeblich seinen Mantel mit einem frierenden Bettler teilte.
Das ist die ganze Geschichte. Was haben jetzt die Millionen ermordeter Gänse mit dem katholischen Martinstag zu tun?
Nichts, gar nichts! Irgendwann haben Menschen mit dem Segen der Kirchenoberen zu diesem Martinstag den Kadaver einer Gans gegessen, und dieses Kadavermahl verbreitete sich durch Gedankenenergien und nicht zuletzt durch die Segnungen

der Priesterkaste immer weiter in den Köpfen der Menschen, bis es zum sogenannten Brauchtum wurde, dem viele Lemminge einfach gewissenlos nachfolgen.

Gott, der Ewige, segnet nicht den Mord an Seinen Geschöpfen.
Wessen Segen liegt auf allen wahllos hingemetzelten Tierkadavern?

Auch Folgendes gehört zum traditionellen Schlachtfest: Millionen und Abermillionen Truthähne müssen an Weihnachten, dem Fest der Liebe, ihr Leben lassen, weil kirchliche Vordenker das Kadavermahl für die „geweihte Nacht" absegnen und dadurch immer mehr Mitmenschen die gleichen Strahlungsfrequenzen aussenden und zu Nachahmern eines Blut- und Totenkultes werden, der aus dem Heidentum stammt. Das Ergebnis ist ein Blutbad unter den Tieren, das unvorstellbare Ausmaße angenommen hat und Jahr für Jahr größer wird. Für die Tierquäler, die sich auf das Tierleid spezialisiert haben, ist es auf Erden ein gewinnbringendes Geschäft. Im Jenseits jedoch werden die erworbenen Silberlinge auf der Sollseite des Lebenskontos in einer übergeordneten Buchhaltung registriert.

Auch in Wald und Flur geht vor den kirchlichen Festtagen das Grauen um. Hinterhältig und heimtückisch werden Zehntausende von Rehen und anderen Wildtieren wie Hasen und Wildschweine jedes Jahr von Jägern brutal umgebracht, wobei sehr, sehr viele Tiere nur angeschossen oder deren Gliedmaßen abgeschossen werden, so dass die schwer verwundeten Tiere sich vor dem Beutejäger Mensch verstecken und unendlich langsam, elendig zu Grunde gehen.

Die Tiere, die einen kürzeren Todeskampf hatten, werden in der Jägersprache als „Strecke" bezeichnet und oftmals von Priestern gesegnet, die sich christlich nennen. Zum „Fest der Liebe" steht dann fein zubereitet ein Rehschlegel auf dem Tisch, von einem Tier, das oftmals unter sehr langen Qualen elendig verendete – das ist dann die „segensreiche" „Stille Nacht, Heilige Nacht".

So wird aus einer „geweihten Nacht", in der wahre Christen, die Jesus von Nazareth nachfolgen und den Christus Gottes in der Stille des tiefen Gebetes im Inneren erleben sollten, ein Blutbad und ein Kadavermahl eines veräußerlichten Christentums, das Gott ein Gräuel ist und die Pforten der Himmel verschließt.

Mit kirchlichem Segen vertreiben sich gedankenlos und gleichgültig viele Menschen die Feststunden in einer vom Unheil gezeichneten und vernebelten Nacht, die auch der Weihrauch der Kirchen nicht aufzuhellen vermag, denn die Blindenführer der Religionen, wie Jesus von Nazareth sie nannte, können nur den Weg in die Grube aufzeigen.

Es geht weiter mit dem unheilvollen Desaster:

Ähnlich wie mit den Tieren ist es auch mit den Weihnachtsbäumen. Allgemein gebräuchlich wurde der Weihnachtsbaum im 19. Jahrhundert. Doch erst ab dem 20. Jahrhundert ist ein Massaker an jungen Bäumen daraus geworden, das den Massakern an den Tieren in nichts nachsteht. Die gleichgültigen und lebensverachtenden negativen Gedanken vieler Menschen verbinden sich zu Massakerenergien, die den jungen lebenden Bäumen zu Millionen den Garaus machen. Junges, pflanzliches Leben, mit kräftigen Wurzeln, voller Saft und Kraft, voller Freude auf das neue Frühjahr, um weiter zu wachsen und um dem vielfachen Leben aus Gott Nahrung und Schutz zu geben, um zu blühen und zu gedeihen, um Frucht zu bringen und um Schatten zu spenden – wird einfach abgehauen, umgehauen, niedergemacht, damit irregeführte Menschen für wenige kurze Wochen sich ein Zimmer schmücken, oder auch, um als stattlicher Baum auf einem Kirchplatz dem heidnischen Kult geopfert zu werden.

Alles wieder mit dem Segen der kirchlichen Vordenker, die sich Priester nennen und die oftmals von dem Leben, das Gott in allem und allen ist, wenig verstehen.

Vielen Menschen ist es bewusst, dass Bäume und Pflanzen lebende Wesen sind. Wissenschaftliche Untersuchungen der Wechselbeziehungen in Wald und Flur ergaben, dass Bäume und Pflanzen miteinander über große Entfernungen kommunizieren. Es wurde bekannt, dass Bäume und Pflanzen auf Ansprache durch Menschen reagieren und dass sie klassische Musik lieben. Es wurde bekannt, dass Pflanzen besonders schöne Früchte bringen, wenn ihnen klassische, harmonische Musik vorgespielt wird. Es wurde bekannt, dass Bäume und Pflanzen Freude und Stress haben können, alles ähnlich wie bei den Menschen und den Tieren.

Der Teilnehmer bei den Gesprächsrunden bat darum, deutlich aussprechen zu dürfen, was wirklich mit den Tieren und der Natur an sogenannten Festtagen geschieht. Wir wollen es hier wiedergeben. Warum die Wahrheit verschweigen?

Die Tötungsrituale zu den sogenannten kirchlichen Festtagen, einerlei, ob das getötete Opfer ein Truthahn, eine Gans, ein Reh oder ein Weihnachtsbaum ist, oder was anderweitig das ganze Jahr über geschieht, sind gegen das Gesetz des Lebens, das Gott ist, und fallen unter das fünfte Gebot: »Du sollst nicht töten!«

Gerade zu Weihnachten hört man den Ritualgesang: „O du fröhliche, o du selige, gnadenbringende Weihnachtszeit". Doch gnadenlos werden Millionen Tiere dem Götzen Baal geopfert und Millionen Hektoliter Blut der angeblich christlichen Kanalisation überlassen. Millionen Bäume werden gnadenlos abgehackt, und kurze Zeit später landen sie auf dem „christlichen Müll". Man könnte glauben, die meisten Menschen unterliegen einer dämonischen Massenhypnose, so dass ihnen jedes Empfinden, Fühlen und Denken und positives Eintreten für das Leben sowie entschlossenes Handeln für alle Lebensformen abhanden gekommen ist. Hat das schreckliche Blutvergießen überhaupt irgendetwas mit Ethik und Moral zu tun?

Was hier an Beispielen angeführt wurde, gilt gleichermaßen für alle Tiere und alle Pflanzen auf der ganzen Erde.

Die Kampfstoffe der fünf Komponenten machen vor nichts Halt, ob Ente oder Gans, ob Schwein oder Huhn, ob Rind, Karpfen oder Lachs, ob Bäume oder Blumen, immer ist es das Leben, das das Leben lassen muss. Das geschieht vielfach heute noch unter der Prämisse: Huldige dem „Baal" – wobei er heute mit einigen Tarnkappen versehen ist.

Durch den Gottespropheten Jesaja offenbarte Gott, der Ewige:

„Weh denen, die das Böse gut und das Gute böse nennen, die die Finsternis zum Licht und das Licht zur Finsternis machen, die das Bittere süß und das Süße bitter machen.

Weh denen, die in ihren eigenen Augen weise sind, und sich selbst für klug halten."

Der Klimakollaps wird die Menschen Weiteres lehren. Die Grenzen, die sich die Spezies Mensch nicht setzt, sind ihr Niedergang. Auch bei dem kirchlich so geschätzten Paulus heißt es unmissverständlich: „Was der Mensch sät, wird der Mensch ernten."

Die fünf Kampfstoffe
aus der Sicht eines Mediziners

Das zentrale Steuerungs- und Gestaltungsorgan unseres menschlichen Körpers ist das Gehirn. Es besteht aus drei Hauptbereichen, die entwicklungsgeschichtlich unterschiedlich sind: dem Reptiliengehirn, dem alten und dem neuen Säugetiergehirn. Das Reptiliengehirn ist der älteste Teil unseres Gehirns. Es kontrolliert alle lebenswichtigen Funktionen des Körpers wie Atmung, Verdauung, Herzschlag etc., also unser instinktives Verhalten. Das alte Säugetiergehirn beherbergt unsere Gefühle und Emotionen, das neue Säugetiergehirn, der Neocortex mit seinen beiden Gehirnhälften, die mit dem sogenannten Balken verbunden sind, ist verantwortlich für unser kognitives, analytisches Denken. Ebenso ist unser ganzer Körper im Neocortex abgebildet.

Jeden Augenblick werden alle Informationen, die vom Körper und von der „Außenwelt" über unsere Sinne ins Gehirn kommen, von allen Bereichen des Gehirns verarbeitet, so dass letztlich ein individuelles Bild im Menschen entsteht, geprägt durch alle jemals gespeicherten Informationen im Gehirn.

Die kleinste Zelleinheit im Gehirn heißt Neuron. Es gibt ca. 100 Mrd. Neurone im Gehirn. Die Kontaktstellen, mit denen Neurone mit anderen Zellen kommunizieren, heißen Synapsen. Jede Nervenzelle tritt mit anderen Nervenzellen über bis zu 10.000 Synapsen in Kontakt. Die Summe dieser Verbindungen ist unvorstellbar riesig. Man schätzt die Zahl der Synapsen auf mehr als 50.000 Milliarden. Das Gehirn ist die Zentrale dieses riesigen Netzwerkes, an das jede einzelne Zelle, jedes Organ angeschlossen ist – ein Netzwerk, das ständiger Veränderung unterworfen ist. Es herrscht an den Synapsen ständig Aktivität von Wellen, bis zu 20 Impulsen pro Sekunde. Selbst kleinste Veränderungen an dem synaptischen Spalt können große Auswirkungen auf das gesamte neuronale Netzwerk haben. Das bedeutet, dass jede kleine Veränderung in unserem Netzwerk eine Wirkung auf unseren ganzen Menschen hat.

Die Kommunikation der Nervenzelle mit Tausenden von anderen Zellen, sowohl Nervenzellen im Gehirn und im Körper als auch mit anderen Zellen in Muskeln oder Organen, erfolgt mittels elektrophysiologischer oder biochemischer Abläufe. Innerhalb der Nervenzelle verläuft sie überwiegend elektrophysiologisch, die Überbrückung des synaptischen Spaltes zwischen einer und der anderen

Zelle geschieht biochemisch über Nervenboten-stoffe, sogenannte Neurotransmitter, die in der Nervenzelle selbst gebildet werden. Ein bestimmter Neurotransmitter braucht, um wirken zu können, einen Rezeptor, eine Andockstelle, die ganz genau zu diesem einen Neurotransmitter passt.

Diese Rezeptoren gibt es nicht nur im Gehirn, sondern an jeder Stelle des Körpers. Die Neurotransmitter haben dort z.B. eine hormonähnliche Wirkung. Somit bewirkt eine Änderung in unserem Denken und Fühlen nicht nur im Gehirn, sondern im ganzen Körper eine Reaktion, eine Veränderung. Diese Veränderung im Körper ist immer mit dem Gedanken- und Gefühlskomplex verbunden, der zu dieser Veränderung geführt hat.

Die Psychoneuroimmunologie ist eine Wissenschaft, die sich mit den Verbindungen zwischen Gehirn und Immunsystem beschäftigt.

Nervensystem und Immunsystem kommunizieren miteinander unter anderem über besagte Neurotransmitter. Man vermutet, dass Gedanken und Gefühle das Gehirn veranlassen, bestimmte Neurotransmitter auszuschütten, die dann das Immunsystem beeinflussen. Solche Neurotransmitter können auch in der Zelle direkt an der DNA, dem Erbgut, tätig werden. Manche Forscher bezeichnen selbst Krankheiten wie Krebs als Fehlinformationskrankheiten.

Gene bestehen aus Nukleinsäuren. Die Aktivität der Gene bedarf einer Regelung, einer Steuerung. Dies geschieht z.B. dadurch, dass bestimmte Genabschnitte an- und abgeschaltet werden und dadurch andere Funktionen bekommen. Diese Regelung ist abhängig vom Informationsaustausch, der sich ständig verändert. Die Genprodukte sind Eiweiße. Welche Eiweiße gebildet werden, hängt davon ab, welche Genabschnitte an- oder abgeschaltet sind. Eiweiße sind die Strukturbildner des Körpers für die Zellen und Organe. Die meisten Zellen des Körpers haben sich innerhalb 7-10 Jahren erneuert, so dass sich nach dieser Zeit der Körper völlig verändert hat.

Zusammenfassend kann man sagen, dass Nervensystem, Immunsystem und Signalmoleküle in engem Zusammenhang stehen. Heute weiß man, dass es eine Vielzahl von Signalmolekülen gibt, die man z.B. im Nervensystem als Neurotransmitter, im Immunsystem als Zytokine bezeichnet.
Es ist heute überzeugend nachgewiesen, dass Botenmoleküle des Nervensystems auch Immunzellen beeinflussen, und Immunzellen umgekehrt auch

wieder die Botenmoleküle des Nervensystems. Krankheiten entstehen somit immer durch ein Zusammenspiel von nervlichen, genetischen, immunologischen und psychischen Faktoren.

Dabei sind unsere Gedanken und die damit verbunden Emotionen die stärkste gestalterische Kraft. Ein Beispiel dafür ist die Placebowirkung. Allein der Gedanke und die Vorstellung, dass ein Medikament z.B. Schmerzen lindert, bewirkt eine Linderung der Schmerzen.
Dass dies nicht nur „Einbildung" ist, sondern tatsächlich durch unsere Vorstellung eine biochemische Wirkung im Körper ausgelöst wird, ist heute wissenschaftlich bewiesen.
Nun wird verständlich, wie die Inhalte unserer Empfindungen, Gefühle, Gedanken, Worte und Handlungen, die nicht der Harmonie des Lebens entsprechen, zu Kampfstoffen werden und letztlich unseren Körper hin zur Krankheit verändern.

Der Hauptkampfstoff, mit dem wir unseren Körper verändern, sind unsere Gedanken. Einem Wort, einer Tat gehen immer Gedanken voraus. Gefühle und Empfindungen sind für uns unkonkret, nicht greifbar. Erst wenn sie sich zu Gedankenbildern formen, werden sie für uns real und greifbar.

Beim „über eine Sache nachdenken" baut sich das Bild immer mehr aus, wie zu einem immer realistischeren Film. Hatten wir z.B. einen Streit, der nicht beigelegt ist, und denken wir über diesen Streit immer wieder nach, kommen zu diesem Bild des Streits mehr und mehr Details dazu, immer mehr Gefühle; die inneren Dialoge z.B. werden immer realistischer, werden zunehmend zu unserer Realität. Unsere Emotionen verändern sich auch permanent und passen sich dem sich entwickelnden eigenen inneren Film an. Bis wir schließlich entsprechend reden und handeln. Jeder Gedanke bewirkt in unserer Chemiefabrik Gehirn Ausschüttung von Neuropeptiden, welche ständig, jede Sekunde, unseren Körper verändern. Bei negativen Gedanken hin zu Krankheit. Krankheiten sind Fehlinformationskrankheiten.

Die Hirnforschung nennt dies auch Autokatalyse, das heißt, dass Teile des Gehirns einen Kreislauf beginnen, der sich selbst verstärkt. Das findet unter anderem statt, wenn ein Mensch wie in oben genanntem Beispiel Gedanken und Gefühle produziert, die durch die Autokatalyse immer mächtiger werden, bis sie die Kontrolle gewinnen. Dieser autokatalytisch verstärkte Energie- und Informationsfluss prägt dann auch den Körper.

Johannes Holler schreibt in seinem Buch „Das neue Gehirn": „So wird Software zur Hardware!" Im Positiven führt das zu mehr Gesundheit und Lebensfreude, im Negativen zu Krankheit, Sorgen, Depression, eventuell zu verletzenden Worten und Handgreiflichkeiten.

Renommierte Neurowissenschaftler, wie beispielsweise Prof. Gerald Hüther von den Universitäten Göttingen, Mannheim und Heidelberg, beschäftigen sich mit der Macht der inneren Bilder. Gerald Hüther kommt zu dem Schluss, der Mensch handele aufgrund seiner Bilder, die er im Kopf habe, und nicht auf der Basis der Realität. Wir Menschen seien Gefangene unserer inneren Bilder. Als einer der wenigen Wissenschaftler sagt er, dass ein Mensch sich ändern kann, wenn er die Bilder in seinem Inneren ändert.

Mit den fünf Kampfstoffen, den negativen Empfindungen, Gefühlen, Gedanken, Worten und Taten, schaden wir uns also selbst am meisten, da jeder dieser Kampfstoffe unmittelbar in unserem Gehirn und in unserem Körper seine zerstörerische Wirkung entfaltet, noch bevor er irgendwo anders zuschlägt. Dies entspricht einem langsamen, aber sicheren Selbstmord.

Der Erkenntnisweg zur Befreiung der Seele.
Wir können dem Gedankendesaster
Einhalt gebieten.

Wie schon erläutert: Jeder hat in den fünf Komponenten andere Kampfstoffe, die rechtzeitig bearbeitet werden sollten, bevor sie zu Geschossen, zu Feuerwaffen werden und andere treffen, wodurch sich eine Kausalität entwickeln kann und jeder Getroffene sich an seinesgleichen bindet.

Solchen und ähnlichen Assoziationen sollte man sofort Einhalt gebieten, denn jeder, der wachsam ist und sich selbst kontrolliert, kann sich selbst zur Ordnung rufen und das erfassen, was unter Umständen dem inhaltlichen Gedankendesaster zugrunde liegt. Zum Beispiel: Was kann bereinigt werden? Was ist schon ausgesendet? Oder was muss dem niederen Gedankengut, den Kampfstoffen in unseren fünf Komponenten, entgegengesetzt werden, oder was kann ab sofort abgestellt werden, und was muss man mit Menschen bereinigen?
Die Inhalte der fünf ordnungsgemäßen Komponenten sollten letzten Endes der Weg zur Befreiung von falschen Verhaltensweisen sein. Sie sollten auch der Erkenntnisweg sein zur Befreiung

der Seele, die letztlich unsere Ursächlichkeiten speichert und daran schwer trägt.

Wer die wahre Freiheit liebt, auch Wohlergehen, Gesundheit und Frieden, der sollte seine Kampfstoffe gegen Menschen, Tiere und Natur umwandeln in lichte Kräfte, in friedliebende Gefühle, Empfindungen und Gedanken und in ehrliche, aufrichtige Worte, und seine Handlungen sollten in allen fünf Komponenten das sein, was uns Jesus von Nazareth lehrte: *„Was du willst, dass dir andere tun sollen, das tue du ihnen zuerst."*

Anders gesprochen: *„Was du nicht willst, dass man dir tu', das füg' auch keinem anderen zu."*

Damit würde das Leben beginnen im All-Einen.

Das wäre das schrittweise Freilegen unseres Wesenskerns und ein Gerechtwerden dem uns innewohnenden Geistwesen, das wir im Urgrund unserer Seele sind.

Der Mensch, der Wesenskern und das Geistwesen

Um zu verstehen, wie sich Mensch, Wesenskern und Geistwesen zueinander verhalten, betrachten wir zuerst den Menschen: Wir glauben, den uns nahestehenden Menschen zu kennen. Sein Name und sein Aussehen sind uns nicht fremd. Wir sagen z.B.: Das ist Martin. – Kennen wir den „Menschen Martin"? In Wirklichkeit kennen wir ihn nur mit Namen. Seine Identität sind die Speicherungen in seinem Gehirn.

Das Gehirn speichert bei jedem von uns alle Inhalte unserer Gefühle, Empfindungen, Gedanken und Worte, aber auch Handlungen, als Bildfolgen. Mit der Zeit überträgt unser Gehirn diese Informationen den Körperzellen und dem gesamten Körper. Unser physischer Körper ist in beständiger Kommunikation mit dem Gehirn und das Gehirn mit allen Körperzellen und Körperfunktionen, mit allen Bausteinen unseres physischen Leibes. Das heißt: Die Speicherungen im Gehirn sind mit allen Bausteinen des Körpers in Kommunikation. Unser Gehirn schüttet also nur das aus, was wir in die Gehirnzellen eingegeben haben.

Und wie ist es mit dem Wesenskern? Mit unseren dreidimensional geprägten Worten gesprochen: Der göttliche Wesenskern ist das komprimierte Sein, die Sende- und Empfangsquelle des göttlichen Wesens. Der Wesenskern ist komprimierter Licht-Äther, so auch der geistige Leib. Über den Wesenskern wird die Partikelstruktur des Geistwesens vom Licht-Äther durchströmt, dem Gesetz der Unendlichkeit.

Die Partikelstruktur der Seele und die Zellstruktur des physischen Leibes werden vom Licht-Äther so weit durchströmt, wie die Seelenpartikel und die Zellstruktur des physischen Leibes unbelastet sind. Gott ist allgegenwärtig – wenn auch der Aufbau des physischen Körpers ganz und gar anders strukturiert ist:
Der Mensch hat Organe, Knochen, Bänder, Sehnen, Muskeln, Nerven, Blut- und Lymphgefäße und, und, und – eben all die Bausteine, aus denen sich der physische Körper zusammensetzt.
Der Leib des göttlichen Wesens hingegen besteht aus der Partikelstruktur. Wir könnten uns den göttlichen Leib in grober Analogie z.B. wie Schuppen eines Fisches vorstellen. Die Partikel liegen jedoch nicht nebeneinander, sondern übereinander und sind ineinander gefasst.

Der ganze Körper des Geistwesens besteht einzig aus der in sich gefächerten und gefassten Partikelstruktur. In dem feinsten, schuppenartigen Gebilde sind alle geistigen Atome der Ewigkeit angeordnet, die vom Wesenskern, dem Ur-Herzen, die kosmische Energie der All-Einheit empfangen.

Ein wunderbares Bild kann uns auch eine Rose vermitteln. Wenn sich eine Rose entfaltet, so sind es ineinandergefaltete Blütenblätter, die den Kern der Rose offenbaren. Die Blütenblätter sind wie Fächer, ähnlich wie ein sich in sich bewegendes schuppenartiges Gebilde.

Der geistige Leib hat also keine Zellstruktur, keine Organe, Knochen, Bänder, Sehnen, Muskeln und, und, und. Er ist absolute geistig-ätherische Substanz, also feinstofflich, schwerelos und durch und durch beweglich.

Auch das Wort „schwerelos" können wir letztlich nicht beschreiben. Denn wenn wir von „schwerelos" sprechen, sagen wir z.B.: „Das ist mehr als ‚leicht'." Aber das, was wir mit „leicht" oder gar „schwerelos" bezeichnen, bezieht sich bereits auf das Gewicht. Der geistige Körper hat keine Schwere, kein Gewicht.

Ähnlich ergeht es uns, wenn wir die wahre Realität des Wortes „Ewigkeit" erfassen wollen. Die Ewigkeit ist das All, der Licht-Äther, der sich unentwegt ausdehnt und bewegt, und in allem und allen ist der Ewige, der allgegenwärtige Geist, Gott.

Können wir die Ewigkeit mit dem Begriff „Zeit" wiedergeben? – Das können wir nicht. In der Ewigkeit gibt es weder Zeit noch Raum. Wir können auch kein Äon und keinen Äonenzyklus mit unserem Zeit- und Raum-Begriff beschreiben.
Vergessen wir bitte nicht: Alles, was wir über das Reich Gottes hören oder lesen, ist nicht einmal ein Hauch der Ewigkeit.

Die heruntertransformierte Energie, der Licht-Äther, bekam durch die zunehmende Dichte ein Zeit- und Raumgefüge; dadurch bewegt sich der Mensch in Raum und Zeit und ist entsprechend geprägt. Sein Körper hat Gewicht, hat Schwere. Und doch empfängt er von der Ur-Kraft geistige Energie über den Wesenskern, der sich im Menschen in der Nähe der Hirnanhangsdrüse befindet.
Von der Ur-Kraft ausgehend, strömen über die Seele geistige Energien zu den geistigen Zentren, die sich im physischen Körper befinden, und letztlich zu allen Bausteinen des Leibes.

Im Körper des Menschen sind sieben geistige Zentren angelegt, über die der Geist in den Menschen einströmt.

Diese sieben Bewusstseinszentren entsprechen den Wesenheiten und Eigenschaften Gottes. Sie sind die Verteilerstellen für die einfließenden Ätherkräfte. Jedes Organ des physischen Körpers ist mit einem dieser Kraftzentren verbunden und erhält auf diese Weise die lebensnotwendige Energie.

Das Geistwesen hingegen ist in seiner Partikelstruktur das, was der Wesenskern ist, das universale Leben, die All-Einheit.

Im Vergleich dazu ist der Mensch das, was er in seine Gehirnzellen eingegeben, also gespeichert hat. Des Menschen Gehirn ist der Transformator zu allen Zellen und Bausteinen des Leibes und zu dem, was er glaubt, zu fühlen, zu empfinden, zu denken, zu reden und zu handeln.

Was das menschliche Gehirn aussendet, das ist der Mensch, das ist seine Prägung; Gleiches und Ähnliches spiegeln seine fünf Komponenten.

Die Partikel des göttlichen Leibes, also das Geistwesen, ist eins mit dem Ur-Herzen, dem Wesenskern, Gott, der Ewige, im Wesenskern.

Gott, der Ewige, spricht im Wesenskern, und das Geistwesen ist Sein Wort und ist der göttliche Leib, eins mit Gott-Vater, der auch Mutter ist.

Je nach Bewusstseinsstand empfangen auch alle Lebensformen Sein All-Wort. Auch der Mensch, der Sein All-Wort zu vernehmen vermag, empfängt dieses über den Wesenskern.

Ein Vergleich:
Die irdische Kommunikations-Technik und
das All-Kommunikationsprinzip

Eventuell ist für so manchen Leser das Mobiltelefon des Rätsels Lösung. Ein hinkender Vergleich könnte uns helfen, das All-Wort besser zu verstehen.

Warum haben wir Menschen z.B. ein Handy?

Auf das Niedrigste heruntertransformiert, könnten wir den Wesenskern mit dem Handy in Vergleich bringen. Die Nummer des Adressaten ist dabei nichts anderes als eine Frequenz, die in einem Netz, das alle potentiellen Frequenzen in sich beinhaltet, angewählt wird. Der Anrufer wählt mit der Nummer in seinem Handy die Frequenz des Anzurufenden und nimmt damit die Kommunikation zu diesem einen spezifischen Netzteilnehmer aus dem Netz aller Handyteilnehmer auf.

Um in unserem Bild zu bleiben: Hat der Netzbenutzer nicht die Nummer, also die Wahlfrequenz des Handyteilnehmers, den er erreichen möchte, dann kann er ihn auch nicht erreichen. Der andere Teilnehmer ist zwar im selben Kommunikationsnetz, aber er kann nicht mit ihm kommunizieren, weil er keine Verbindung zu ihm herstellen kann – er hat keinen Zugang.

Um das Handy nutzen zu können, brauche ich, der Anrufende, die Nummer des Adressaten.

Das Geistwesen benötigt keine Handynummer von dieser oder jener Lebensform, von diesem oder jenem Geistwesen, denn es hat alles in sich und kommuniziert mit allem.

Im übertragenen Sinn, auf die universale redende All-Einheit bezogen, könnte man beispielhaft sagen: Der Mensch ist eine Nummer. Ist seine Nummer nicht im menschlichen Kommunikationsnetz, dann hat es den Anschein, ihn gäbe es nicht.

Des Menschen Wahrnehmung ist mehr als eingeschränkt. Ein Tier z.B. kann uns über Bildfolgen ansenden – doch wir verstehen es nicht, weil wir Menschen nicht über den Wesenskern kommunizieren, sondern lediglich mit den äußeren Sinnen mit unseren Mitmenschen, und wenn es um Entfernungen geht, wenn möglich, per Handy, Internet, E-Mail oder dergleichen, und das auch nur dann, wenn wir die entsprechende Nummer bzw. Adresse haben. Also die „Nummer Mensch" muss irgendwie anzuklicken oder anzuwählen sein.

Obwohl wir Menschen auch in Bildfolgen denken und reden, verstehen wir einander selten und verstehen auch die Tiere kaum. Auch die Kommunikationsverbindungen der Pflanzen- und Mineralwelt sind den meisten Menschen fremd, erst recht die all-verbindende Kommunikation.

Der hinkende Vergleich zeigt, dass man die menschliche Kommunikation als Begrenzung und geistige Armut bezeichnen könnte.

Tiere hingegen sind keine Nummern, sondern das Leben im ätherischen Kommunikationsnetz der Gottes- und Nächstenliebe.

Die Gegenseite, der Gegenspieler Gottes, weiß um die allumfassende Schöpferquelle, die All-Kommunikation des All-Seins. Daher versucht er, das Wissen darüber in das Zeitliche, Irdische herunterzutransformieren. Dies geschieht z.B. auch durch Radio-, Funk- und Fernsehwellen und, und, und.

Wie gesagt: Die All-Kommunikation des All-Seins wurde heruntertransformiert, auf die Materie bezogen.

Dennoch könnte uns diese heruntertransformierte All-Weisheit, die für viele Menschen faszinierend ist, Hilfe sein, annähernd zu verstehen, was sich an Kommunikation wirklich im All vollzieht. Denn die All-Kommunikation ist die Kommunikationsquelle zu allem reinen Sein.

Unser physisches Handy ist eine primitive Kommunikationsquelle, die ausschließlich auf den Menschen bezogen ist.

Der Mensch hat nicht einmal einen Bezug zum Planeten Erde, geschweige denn zum All-Kosmos, von dem das Leben kommt.

Hingegen stehen alle Geistwesen in Verbindung mit jedem einzelnen Planeten, zu jeder Sonne, zum Ewigen Sein, weil sie komprimiertes ätherisches All-Gesetz sind und Erben der Unendlichkeit.

Das All-Kommunikationsprinzip haben die Kinder des Reiches Gottes im Laufe ihrer geistigen Entwicklung in den Entwicklungsebenen und über die Dualität vollkommen auf- und angenommen. Alle göttlichen Wesen sind daher Erben der Unendlichkeit, und das gleichermaßen.

Alles ist durch die All-Kommunikation miteinander verbunden, trotz der unterschiedlichen Reifegrade in den Pflanzen und Tieren.

Wie schon berichtet, haben Pflanzen- und Tierarten unterschiedliche Bewusstseinsgrade, je nach ihrer geistigen Entwicklung. Die Geistkindschafts-Verbindung zum Vater-Mutter-Gott schlummert noch in ihnen. Pflanzen sind noch als Keim einem geistigen Kollektiv zugeordnet. Aber auch der Keim, also das keimende, sich formierende Pflanzenleben, hat schon, je nach Bewusstseinsstand, dementsprechende geistig-göttliche Partikel. Trotz der unterschiedlichen Reifegrade ist alles durch Kommunikation miteinander verbunden und mit dem All-Einen, dem Schöpfergeist, der als Licht und Kraft in Seinen Geschöpfen ist.

Wenn wir ein Tier – einerlei, welchen Reifegrades – fragen könnten: „Bist du belastet?", dann würde uns das Tier, wenn wir es hören könnten, antworten: „Was verstehst du unter Belastung?"
Fragen wir weiter, „Ja, bist du ständig in Kommunikation mit deinem Schöpfer?", dann würde das Tier antworten, wenn wir es verstehen könnten: „Was willst du mir denn mit deinen Worten: ‚in Kommunikation' sagen? – Ich bin in Seinem Gesetz."
Das Tier wird nicht wissen, was wir meinen, wenn wir fragen: „Was ist Kommunikation?" Es stellt schlicht fest: „Ich bin."

Und wenn wir die Pflanze fragen; „Wie verstehst du die Kommunikation?", so würde die Pflanze sagen: „Ich weiß nicht, was ihr meint."

Und wenn wir weiter fragen: „Ja, die hast du doch mit deinem Schöpfer!", dann würde die Pflanze entgegnen: „Ich bin doch in Ihm!"

Das wäre also die Antwort der Tiere, der Pflanzen, ja sogar der Mineralien, der Steine. „Ich weiß nicht, was du meinst. Ich bin im Strom des Lebens. Ich lebe aus und in Gott, dem Ewigen. Ich bin in Seinem Geist."

Aus alten Schriften ist folgendes Gleichnis für unser Dasein überliefert.

Da kamen einige, die voll Zweifel waren, zu Jesus und sagten: „Du hast uns gesagt, dass unser Leben und Sein von Gott sei, aber wir haben niemals Gott gesehen, noch kennen wir einen Gott. Kannst Du uns Ihn zeigen, den Du den Vater nennst und den einzigen Gott? Wir wissen nicht, ob es einen Gott gibt."

Jesus antwortete ihnen und sprach: „Hört dieses Gleichnis von den Fischen. Die Fische eines Flusses sprachen miteinander und sagten: Man erzählt uns, dass unser Leben und Sein vom Wasser komme, aber wir haben nie Wasser gesehen, wir wissen nicht, was es ist.

Da sprachen etliche von ihnen, welche klüger waren als die anderen: Wir haben gehört, dass im Meer ein kluger und gelehrter Fisch lebt, der alle Dinge kennt. Lasset uns zu ihm gehen und ihn bitten, dass er uns das Wasser zeige.

So machten sich einige von ihnen auf, um den großen und weisen Fisch zu suchen, und sie kamen endlich in die See, wo der Fisch lebte, und sie fragten ihn.

Und als er sie gehört hatte, sprach er zu ihnen: Oh, ihr dummen Fische, dass ihr nicht denkt! Doch klug seid ihr Wenigen, die ihr sucht. Im Wasser lebt ihr und bewegt ihr euch und habt ihr euer Dasein; aus dem Wasser seid ihr gekommen, zum Wasser kehret ihr wieder zurück. Ihr lebt im Wasser, aber ihr wisst es nicht.

In gleicher Weise lebt ihr in Gott, und doch bittet ihr Mich: Zeige uns Gott. Gott ist in allem, und alles ist in Gott." (Das Evangelium Jesu)

Alle reinen Wesenheiten aus Gott sind im All-Ozean, dem Licht-Äther, also im All-Sein. Die Masse der Menschen hat kaum eine Beziehung zum „All-Ozean", weil die Masse der Menschen gewissermaßen sich selbst an Land gespült hat. Nun sind viele auf Muschelsuche, um aus der Muschel zu hören, wer oder was sie sind.

Immer wieder stellt sich die Frage: Was hat der Mensch mit seinem Ego, mit seiner Eigenliebe, gleich Selbstliebe, angerichtet?

Was ist eigentlich Liebe?

Der größte Teil der Menschen hat sich abgewendet von der allmächtigen Einheit, von der redenden All-Einheit, dem Wort des Universalen Schöpfergeistes. Die Programmwelt des Menschen ist gegen das Gesetz der Einheit, gegen die Gottes- und Nächstenliebe. In diesen Fehlhaltungen, die eine egozentrische Grundeinstellung ist, die auf der Selbstliebe „ich bin mir selbst der Nächste" basiert, tummeln sich viele.

Immer wieder hören wir als Entschuldigung: Wir Menschen haben uns eben entfernt von der Gottes- und Nächstenliebe. – Oftmals stellt sich dann die Frage: Was ist eigentlich Liebe?
Liebe ist das Gesetz der Unendlichkeit. Es ist der all-strömende Licht-Äther. Liebe ist die Gottes- und Nächstenliebe, ist der Vater-Mutter-Gott, ist der ewige All-Eine, ist die Kraft, das Licht und das Gesetz in allen Seinen Geschöpfen und letzten Endes auch im Menschen, im Seelengrund.

Wenn wir Ihn, den All-Einen, nicht vernehmen, dann können wir davon ausgehen, dass wir uns mit der Maßgabe programmiert haben: „Ich bin mir selbst der Nächste", und im weitesten Sinne heißt das: „Ich selbst bin Gott! – zumindest gottähnlich!" Viele Menschen benehmen sich wie Über-Götter, insbesondere in den Bereichen der Wissenschaft, Theologie und, und, und. Mit dem menschlichen Zündstoff „ich bin mir selbst der Nächste!", mit der Eigenliebe, gleich Selbstliebe, stellen wir Menschen uns über die Wahrheit, die Gott ist.

Was bedeutet es, sich über Gott zu stellen? – Es ist letztlich der Fall. Der Fallgedanke heißt: „Ich glaube nicht an Gott" oder „ich habe mich von Ihm abgewendet, weil ich größer sein will als Gott." Und was ist die Folge aus der Abkehr, aus dem Abwenden von Gott, dem wahren Leben? Krankheit, Not, Siechtum, Einsamkeit und weitere Übel mehr, und nicht zuletzt der Tod, oftmals ein schreckliches Gezeter bis zum Hinscheiden unseres physischen Leibes.
In Wirklichkeit stirbt nur die materielle Daseinsform, der physische Körper – und nicht einmal das, denn er gehört der Erde an, der er zur Umwandlung zugeführt wird: Erde zu Erde –, aber

nicht unsere Seele, nicht unser wahres Sein, nicht der Wesenskern.

Durch die Abkehr vom Göttlichen hat der Mensch die wahre, tiefe Kommunikation mit dem All, mit allen Wesen des Seins und mit Gott aufgekündigt, indem er – der eine mehr, der andere weniger – alles Höhere verneint, das letzten Endes im Menschen, in uns, im Urgrund unserer Seele ist. Dadurch hat der Mensch einen Teil seiner Seele, einen Teil der geistigen Partikelstruktur, verschattet, gleich belastet, und manch einer hat sich der Gegenseite ausgeliefert – um nicht zu sagen: sich an sie verkauft – durch das „Ich will".

Was man will, hat man nicht, und was man nicht hat, erfasst man nicht, und was man nicht erfasst, damit versklavt man sich und verkauft sich an andere.

Wir müssten uns tagtäglich mehr besinnen, wer wir im Geiste Gottes, unseres himmlischen Vaters, sind und uns auch dementsprechend verhalten.

Wir sind in Gott, unserem ewigen Vater, makellose Söhne und Töchter Gottes. Unser göttlicher Leib ist nun mal mit unserem falschen, gottabgewandten Denken, Reden und Handeln umhüllt, durch die fünf Komponenten, die, wie wir gelesen haben, Sprengstoff sein können, der uns trifft.

Weil das so ist, wie es ist, sollten wir schleunigst den Weg zurückgehen und uns reinigen von den Widerwärtigkeiten, die wir uns und eventuell sogar anderen auferlegt haben. Jeden Tag könnten wir uns selbst Rechenschaft geben über unsere noch bestehenden kleinen und großen Zuwiderhandlungen, was unser Verhalten betrifft und was dies eventuell auslöst. Oftmals sind es altgewohnte Untugenden und Laster, bis hin zu Boshaftigkeiten.

Legen wir also ab, was uns letztlich knechtet und uns buchstäblich dem Widersacher in die Arme treibt!

Wir sollten, ja müssten uns jeden Tag bei allem, was uns bewegt, die Frage stellen: Ist das Gottes Wille?

Letzten Endes steht jeden Tag die Frage an: Ja, will ich das eigentlich erfüllen, was Gott will? – Wenn ja, dann steht das Reinemachen durch Selbsterkenntnis und Bereinigung an.

Die entscheidende Fragestellung hört man immer wieder: Wer oder was bin ich, wenn ich das Gegensätzliche, das Ungute, das vielfach mein Antrieb ist, behebe und nicht mehr tue? Was gebe ich mir anstelle dessen vor? – Ich kann mir z.B. vorgeben: Ich werde freier, bin glücklicher.

Ich kann mich besser konzentrieren, meine Arbeit geht mir um vieles leichter von der Hand. Ich lerne zuzuhören, um meine Mitmenschen besser zu verstehen. Die Tier- und Pflanzenwelt kommt mir näher und, und, und.

Jesus, der Christus, sagte sinngemäß: *„Werdet vollkommen, wie euer himmlischer Vater vollkommen ist."* Es kommt also einzig darauf an, wieder zum Ursprung in uns zurückzukehren. Mit der Zeit werden wir auch weitere Worte des Jesus von Nazareth besser verstehen, der uns Menschen lehrte: *„Das Reich Gottes ist inwendig in euch."* Das Reich Gottes ist als Essenz der Wesenskern im göttlich-geistigen Leib.

Wenn der Wesenskern freigelegt ist, so haben wir auch „saubere", gottgewollte Gefühle, Empfindungen, Gedanken und gottgewollte, verbindende Worte und entsprechend auch gesetzmäßige Handlungen. Hat sich der physische Körper von allen ichbezogenen Schlacken gereinigt, dann hat auch unser Gehirn davon profitiert. Gemäß der Reinigung vom Gegensätzlichen reinigt sich auch unsere Seele. Das bedeutet dann ganz allmählichen Kontakt zum höheren Leben.

Der Odem Gottes – das All-Gesetz, der Licht-Äther

Der Odem, das ewige allgegenwärtige Leben, ist Gott, das All-Gesetz, die All-Lebenskraft. Es ist der Licht-Äther, in dem alles formgewordene göttliche Sein eingebettet ist.

Der Licht-Äther ist das All-Leben, der Odem Gottes, den auch wir Menschen atmen und alle Tiere und Pflanzen entsprechend dem Leben in der materiellen Dichte. Wenn wir in diesem Augenblick den Mund schließen und gleichzeitig die Nase zuhalten, dann atmen wir nicht mehr. Warum nicht? – Weil die Lebenskraft, der Odem, im Atem nicht mehr in unseren Körper gelangt.

Die Luft- oder Sauerstoffaufnahme nennt der Mensch Atem. Doch in allem ist Gottes Odem, das Leben, die Lebenskraft. Die Lebenskraft, der Odem, versorgt zum einen über den Atem alle Bausteine des physischen Leibes, zum anderen gibt der ewige Schöpfergott uns Menschen, und ebenso den Tieren und Pflanzen, über die Mutter Erde die Nahrung. Das allgegenwärtige Leben, das allen Erdgeschöpfen zuströmt, ist immer die Liebe Gottes.

In der ganzen Unendlichkeit einschließlich der Materie wirkt der Unendliche durch Seine vier Ur-Kräfte und Seine drei Eigenschaftskräfte, die vom Menschen selten erwähnt werden.

Aus dem Geist der Einheit vernehmen wir immer wieder, dass die vier Ur-Kräfte die schöpfenden und schaffenden Kräfte der Unendlichkeit sind. Die Wissenschaft hat für die vier Ur-Kräfte des Ewigen Seins Namen, die deren Wertigkeit und dem sich eignenden Volumen an Energie entsprechen. Und doch ist es immer der All-Geist, das Wirken des All-Einen Gottes für Seine Kinder, für die Mutter Erde, für die Mineral-, Pflanzen- und Tierwelt.

Wir Menschen haben uns angewöhnt, so allgemein und selbstverständlich vom Atem, von der Luft, vom Sauerstoff, von allem, was der Mensch benötigt, zu sprechen, um auf der Erde leben zu können – und doch ist es immer wieder der eine Geist, der All-Eine, die Liebe Gottes, unseres himmlischen Vaters, der uns Menschen das zeitliche Leben ermöglicht, damit wir das All-Leben erkennen, unser wahres Bewusstsein wieder finden, um zurückzukehren in die Ewigkeit.

Der Odem Gottes ist der unerschöpfliche Licht-Äther, ist das Leben, ewiglich. In Seiner Schöpfungs- und Schaffungswiege regt der Odem Gottes die geistige Formgebung an, bis hin zur geistigen Kindschaft, zu dem Vater-Mutter-Prinzip.

Wenn der Ewige, die übergeordnete Ur-Kraft, der All-Eine, in der Schöpfungs- und Schaffungswiege, in den vier Entwicklungsebenen zur Kindschaft Gottes, ein geistiges Atom beatmet, also zur Evolution anregt, dann beginnt die Formierung in den Mineralreichen.

Die ersten Mineralkräfte, die durch den Odem Gottes zur Kindschaft Gottes angeregt werden, beinhalten alle Kräfte der Unendlichkeit, den Namen des werdenden Kindes, das Dualpaar, gleich die Dualeltern, die Mentalität des Kindes, aber auch die Symphonien des Alls, wie Farbe, Duft und Klang. Alle All-Kräfte sind in jeder werdenden Mineralform angelegt.

Der Odem Gottes ist das „Es Werde",
das sich bis zur geistigen Kindschaft fortsetzt.

Kommen wir zurück zum Odem Gottes, den wir Menschen, aber auch Tiere atmen und der den Pflanzen zuströmt; ja, die ganze Unendlichkeit ist erfüllt von Seinem Odem.

Alles ist Energie. Die Trägersubstanz des ewigen Seins besteht aus den unerschöpflichen Atomen des Licht-Äthers.
Der Atomkern aller Atomarten der Unendlichkeit besteht aus dem höchst pulsierenden Licht-Äther der Güte, Liebe und Sanftmut. Diese drei Eigenschaftskräfte sind gefasst in der Liebe, die die höchste Schöpfungs- und Schaffungskraft des All-Einen ist.

Der Atomkern, auch Ur-Kern genannt, wird umkreist von den vier Ur-Kräften, den Schöpfungs- und Schaffungskräften der göttlichen Ordnung, Seines Willens, Seiner Weisheit und Seines Ernstes, gleich Gerechtigkeit.

Wie die schöpfenden und schaffenden Energien in den Äther-Atomen wirken, ist mit unseren Worten auszudrücken sehr schwierig.

Weil alles in allem enthalten ist, sind in den vier atomaren Schöpfungskräften jeweils auch die drei Eigenschaftskräfte Gottes enthalten; es ist das keimende Leben im Atomkern und in allen Schöpfungskräften.

Es sind hier nur kurz die wesentlichen Ätheratome genannt. Sie heißen mit unseren Worten: Fruchtbarkeitsatome – man nennt sie auch Kollektiv-Atome –, Trägeratome – auch Stabilisationsatome genannt –, Schaffungsatome, gleich Formierungsatome, und Entwicklungsatome, gleich Vereinigungsatome.

Der Impulsgeber für alles Sein, auch für das göttlich formende Leben, ist immer der geistige Atomkern Güte, Liebe und Sanftmut, gefasst in der All-Liebe, dem Vater-Mutter-Gott.

Über die vier Ur-Kräfte wirkt der Unendliche in der Unendlichkeit. Doch, wie gesagt, der höchstpulsierende Ur-Kern, die Liebe, ist in allen Kräften das Maß und die Wirksamkeit in der ganzen Unendlichkeit.

Das „Es Werde", der Odem Gottes, ist die Kraft der Gottes- und Nächstenliebe, die sich bis zur Geist-Kindschaft fortsetzt. Das geistige Kind, das sich zum ausgereiften Geistwesen entwickelt, reift in der Dualität der Geisteltern heran in der Groß-Familie des Vater-Mutter-Gottes.

Wie kann man sich eine Geistgeburt vorstellen?

Ein Vergleich könnte uns das geistig-göttliche „Es Werde" näherbringen.
Was befindet sich in der unbefruchteten Eizelle einer Menschenmutter? Die Anlage der Mutter, das Erbgut der Mutter. Durch die Zeugung des Mannes kommt das Erbgut des Vaters hinzu. Beides verschmilzt zu einer Zelle, wobei diese in Aktivität kommt. Wir könnten sagen: Sie tritt ihren Evolutionsweg an.

Kehren wir zurück zum Göttlichen: Geben und Empfangen. Es ist die eine Kraft, die Liebe, die in einem spezifischen geistigen Atom das „Es Werde" zur Kindschaft Gottes anregt. In dem „Es Werde", der spezifischen beatmeten geistigen Atomart, sind bereits die Anlagen des Geistkindes enthalten, weil, wie gesagt, alles in allem ist.
Bei der befruchteten menschlichen Eizelle sind ebenso die Anlagen zum Menschenkind schon vorhanden. Die befruchtete Eizelle entwickelt sich zum Embryo und reift im Leib der Mutter allmählich zum Kind heran.
In den göttlichen Entwicklungsebenen, dem geistigen Geburtskörper, entwickeln sich ätherische,

also feinstoffliche Lebensformen, bis hin zu einem Naturwesen, das die Geistgeburt zum geistigen Kind durch ein Dualpaar einleitet.

Der winzige Einblick durch einen geistigen Tür-spalt kann uns so viel sagen, wenn wir uns die Entwicklung eines Menschenkindes im Leibe der Mutter vergegenwärtigen. –
Was ist z.B. auf einer Ultraschallaufnahme in der Gebärmutter zu erkennen? Man sieht, dass sich die Eizelle geteilt hat und dass sich durch weitere Zellteilung ein Embryo entwickelte, der in seiner äußeren Erscheinungsform einer Embryo-Form ähnelt, wie sie uns auch aus der Tierwelt bekannt ist. Der Embryo entwickelt sich weiter zum Fö-tus, der dann zunehmend menschliche Züge an-nimmt, bis das entstehende Wesen als Mensch erkennbar ist.

Und wie verhält es sich beim werdenden Geistwe-sen? Nachdem ein Wesen die Entwicklungsebenen durchlaufen hat, wird es zum Geistkind erhoben, um dann – als Geistkind – all das, was ihm schon zu eigen ist, noch einmal zu aktivieren.
Mit unseren Worten gesprochen: Das Geistkind geht in die göttliche kosmische Schule, in die vier Entwicklungsebenen, um als geistiges Kind die

Evolutionskräfte dahingehend zu aktivieren, um als Geistwesen zu allen Lebensformen in der Unendlichkeit Kommunikation zu haben und zu allen Himmelsebenen, zu allen Gestirnen des Seins. Daraus entwickelt sich das Bild, das sich dann im Wesenskern öffnet, wodurch es möglich wird, alle Details der Unendlichkeit zu schauen.

Dann ist alles im Wesenskern, dem Ur-Herzen, vorhanden, das gesamte Strahlungsvolumen des Reiches Gottes.

Das Leben im Geiste Gottes, des Ewigen Seins, ist eine für uns Menschen unvorstellbare universale All-Kommunikation. Das Geistkind lernt also, das All-Kommunikationsprinzip sich ganz und gar zu eigen zu machen, im Wesenskern als Bild, Farbe, Form und Klang. Auf diese Weise tritt das Geistkind das Erbe der Unendlichkeit an und reift zum vollkommenen Geistwesen heran.

Der Fall der geistigen Wesen
bis hin zur Grobstofflichkeit
des Menschen

Viele Menschen leben in dem Fallgedanken, der zur Menschwerdung führte; er heißt: „Trenne, binde und herrsche!" Wer sich von der All-Einheit, dem göttlichen Erbe, dem ewigen Gesetz der Gottes- und Nächstenliebe, vom „Verbinde und sei" trennt, der kann im Reich Gottes nicht existieren, denn: Wer trennt und nicht verbindet, wer gegen das ewige Gesetz der All-Einheit ist, der fällt wie automatisch heraus aus der All-Einheit, weil er trennt, bindet und zu herrschen versucht. Das macht unfrei!
Die Wiederholung der Ausführungen über den Fallgedanken erinnert unter Umständen so manchen Leser an die fünf Komponenten, vor allem an den Gedanken, der, wie wir lasen, die größte und gewaltigste Splitterbombe ist und der verheerende Taten auslösen kann.

Einige göttliche Wesen im Ewigen Sein begannen, sich gegen das Gesetz Gottes der Einheit, der Gottes- und Nächstenliebe, aufzulehnen; sie begannen, in „Trenne, binde und herrsche"-Tendenzen ihr Egogesetz zu schaffen. Daher konnten sie sich nicht mehr in der All-Einheit, im Reich Gottes, aufhalten. Diese Tendenzen entwickelten sich mehr und mehr zum Fallgedanken: „Trenne, binde und herrsche."

Viele, sehr viele göttliche Wesen schlossen sich nach und nach diesem Wunsch- und Willen-Denken „Trenne, binde und herrsche" an. Es ist überliefert, der Erzengel Michael hätte sie aus dem Reich Gottes geleitet. Aufgrund ihrer Uneinsichtigkeit, umzukehren, fielen sie immer tiefer, wodurch ihre Körper sich verdunkelten, schwerer wurden und sich dadurch mehr und mehr verdichteten, gemäß ihrem Fallgedanken „Trenne, binde und herrsche".

In unvorstellbar langen Zeiträumen, gleich Zeitfenstern, entwickelte sich der Planet Erde mit den entsprechenden Pflanzen- und Tierarten; später kamen die nun grobstofflich gewordenen Wesen, die sich im Laufe von unzähligen Verdichtungsschüben in feinerstofflichen Bereichen zu menschenartigen Wesen und dann zu Menschen verdichteten.

Das „Trenne, binde und herrsche"-Gesetz ist das Fallgesetz, das „Ursache und Wirkung" – auch „Saat und Ernte" oder „Aktion gleich Reaktion" – genannt wird.

Gemäß dem göttlichen Erbgesetz der Freiheit ist jedes Wesen für sich selbst verantwortlich, so auch wir Menschen in Bezug auf unser Fühlen, Empfinden, Denken, Reden und Handeln.

Ursprünglich sind wir reine Wesen, Geistwesen, die aus dem Reich Gottes kamen, doch das Reich Gottes ist und bleibt als Essenz im Urgrund jeder Seele; so, wie es Jesus von Nazareth uns Menschen lehrte: *„Das Reich Gottes ist inwendig in euch."*
Gott, der Ewige, All-Eine, ist und bleibt bei Seinen Kindern im Urgrund jeder Seele, im Wesenskern, dem Ur-Herzen, das in Seele und Mensch schlägt, das Leben. Das gegensätzliche Dasein des Menschen, das „Trenne, binde und herrsche"-Gesetz, Ursache und Wirkung, umhüllt energetisch die Seele und den Menschen. Es sind sogenannte Seelenhüllen, Belastungen des Einzelnen, deren Spiegel die Aura ist.

Das Fallgesetz „Trenne, binde und herrsche".
Der Dämon trachtet danach, den göttlichen
Wesenskern zu zerstören.

Seit dem Fall aus dem ewigen Reich Gottes sandte
der All-Eine immer wieder göttliche Wesen, klär-
te auf und zeigte Seinen gefallenen Söhnen und
Töchtern – später dann den Menschen – den Weg
zurück in die ewige Heimat. Viele Fallwesen kehr-
ten daraufhin zurück; weitere wiederum gingen in
unvorstellbaren Zeiträumen, gleich Zeitfenstern,
zur Menschwerdung. Sie bauten nach und nach
ein Herrschaftsgefüge auf, das in feinerstofflichen
Bereichen als die „dämonische Macht" agiert.
Das dämonische „Trenne, binde und herrsche"
nahm immer mehr Einfluss auf die ersten mensch-
gewordenen Fallwesen und machte sie zu Abhängigen. Im weiteren Verlauf der zunehmenden Verdichtung, die wir heute Materie nennen, folgte,
dass Menschen äußere Religionen und verhäng-
nisvolle Machtstrukturen schufen.
Nachdem die Auflösung des Ewigen Seins missglückte, ist heute das Anliegen der Dämonen,
alles zu vernichten, was Gottes Existenz trägt, vor
allem den Wesenskern, der in allen Lebewesen,
in jeder Lebensform angelegt ist, in jedem Tier,
im Pflanzen- und Mineralreich. Von Anbeginn bis

heute ist ihr Bestreben, sich das Reich Gottes untertan zu machen, und immer noch der Wunsch, wenn möglich, es aufzulösen.

Wer sich dem Fallgesetz der dämonischen Macht anschließt, „Trenne, binde und herrsche", der verliert immer mehr Energie und letzten Endes die Freiheit. Durch den Energieverlust binden sich Menschen an trügerische Machtstrukturen, die ihnen die Vorstellung und Sicherheit vermitteln wollen, dass sie auf dem richtigen Weg seien oder bereits Götter sind, um nicht zu behaupten, Gott selbst.

Dabei denkt man unmittelbar an den Götzenkult, an Lehm- und Bronzestandbilder, an den Götzen Baal. Der Ritualgötze und seine Priester herrschen heute ähnlich wie in Vorzeiten, nur dass sie verschiedene Namen, Gesichter und Titel tragen. Von Anfang an waren die Gesellen „von unten" Lügner und Mörder, die alles zunichte machen wollten und heute noch wollen, was in Wahrheit Gott, dem Ewigen, gehört.

Wenn Sie wollen, denken Sie über die fünf Komponenten nach, um zu ergründen, was es bedeutet, die Zügel für das eigene Leben anderen zu überlassen.

Energieverlust und
der Verlust der Freiheit führen zu Süchten
und weiteren Auswüchsen.

Wenn Menschen sich dem „Trenne, binde und herrsche"-Gesetz verschreiben und sich gleichartigen Denk- und Handlungsweisen anschließen, verlieren sie mehr und mehr Seelen- und Körperenergie. Das bedeutet, dass sie dadurch kaum zu Gott im Urgrund ihrer Seele finden. Dann beginnt der Zweifel an dem Ewigen und in vielen Fällen die Sucht. Letzten Endes heißt Sucht: Der Mensch sucht Halt – aber wo?
Artet eine Sucht aus, weil der Mensch dadurch mehr und mehr Energie verliert, dann spielt er sich auf mancherlei Art und Weise als Herrscher über das Leben auf, was schlussendlich heißt: „Ich bin Gott! Ich bin intelligenter als das Tier, die Pflanze und der Stein und nicht zuletzt intelligenter als so mancher Mensch – alles ist mein!"
Das führt unter anderem zum Verlust der Freiheit, zu unzähligen Süchten, bis hin zu sogenannten Tobsuchtsanfällen, die man heutzutage bei Menschen allerorts antrifft. Weil der Abfall von höherer Ethik und Moral überhand nimmt und zur Norm wird, denken die meisten Menschen nur an sich und benützen für ihre niederen Zwecke

bedenkenlos Menschen, Tiere und die Mutter Erde. Die geistige Armut, das Energiegefälle durch Gottferne, ist der Aufschrei: „Ich will! Ich will!".

Irgendwann greift das „Ich will!" zur Tat. Menschen machen Menschen zu Abhängigen, behandeln Tiere auf grausamste Art und Weise, töten und ermorden sie. Sie halten Tiere als sogenanntes Schlachtvieh in Tierghettos, und der Tierghettowächter überantwortet sie dem Schlächter, der sie hinmetzelt, ihr Fleisch in Stücke schneidet und portioniert, das dann in der Bratpfanne des Tierkannibalen landet.

Menschen halten unter anderem auch Tiere in Unfreiheit, um ihre Triebe an ihnen auszuleben oder zur persönlichen Unterhaltung. Menschen wirken also auf Tiere ein, um sie für menschliche Zwecke und Bedürfnisse abzurichten. Menschen machen Tiere zu Nutztieren und, und, und.

Vieles, um nicht zu sagen alles, entspringt den Inhalten der fünf Komponenten.

Das gerechte Fühlen und Empfinden ist vielen Menschen verloren gegangen. Sie weihten diese zwei Komponenten dem Herrschaftsgefüge Baal.

Liebe Mitmenschen, Tiere sind fühlende Wesen, die, ähnlich wie wir Menschen, Leid und Schmerz empfinden und erspüren, was der grausame Geselle Mensch vor hat.

Infolge des Menschen Abkehr vom Göttlichen, vom Ursprung seines wahren Wesens, das Einheit ist, hat er kaum mehr Zugang zum Nächsten und schon gar nicht zum Tier, das in der Kommunikation zu seinen artgleichen Tiergeschwistern steht und zum All-Einen.

Durch Energieverlust wurden die meisten Menschen zu Mitläufern und Nachahmern. Sie fügten sich willfährig in das, was „Gott Baal" und seine Anhängerschar eingeführt haben. Aus der Komponente „Gedanke" entwickelte sich das niedere Gedankengut, das unfrei macht. Aus dem Opfer der Freiheit breitete sich das Kastendenken aus und äußere Religionen mit Kultpriestern und Pfarrern, Machtstrukturen und Glaubenssätzen sowie zielbewussten „Traditionen". Je nach Zeitepoche ändern sich die Machtstrukturen und deren Erscheinungsformen, doch der Tiermord an unseren Mitgeschöpfen bleibt.

Die „Mordmaschinerie Mensch" im Auftrag des Heidengottes Baal und seiner Anhänger

Wenn Kultanhängige lehren, dass die Tiere keine Seele hätten, die Natur ebenso unbeseelt sei und der Mensch sich die Tiere und die Natur zu seinem Gebrauch dienstbar und nutzbar machen dürfe – dann müssten eigentlich Menschen, die noch wach sind und die an den einen Gott glauben, der die All-Einheit ist, aufhorchen.

Wer äußeren Zwängen hörig ist, was das Tollhaus „Trenne, binde und herrsche" betrifft, schändet zum einen auf brutale Weise die Ernährerin der Menschheit, die Mutter Erde, zum anderen die Tierwelt durch die Tierquälereien, die Tiermassaker, den Tiermord und den Tierkannibalismus.

Im Mittelalter hielt man es ähnlich mit Menschen wie heutzutage mit den Tieren, nur dass man damals die Menschenleiber nicht aufschlitzte, um sie zu verzehren. Heute hat es der heidnische Terror, die Tradition des Zerstörens und Hinmetzelns, insbesondere auf die Mutter Erde abgesehen, auf ihre Tier- und Pflanzenarten sowie auf die Mineralreiche. Heute ist Tierkannibalismus angesagt; der Mensch verzehrt das Fleisch seiner Mitgeschöpfe, seiner kleinen Tiergeschwister und beraubt sie ihrer Lebensgrundlage auf der Erde.

Alles, aber auch alles, unterliegt der „Mordmaschinerie Mensch": die Tierfolter, die Ausrottung der Tier- und Pflanzenwesen, die Manipulationen und die Veränderungen des Genmaterials und Weiteres mehr. Durch Genmanipulationen an Tieren, aber auch durch künstliche Befruchtungen bei Tieren, produzieren Menschen Tier-„Kunstschöpfungen". Wohlgemerkt: Diese sind keine Tiere aus der Schöpfungswiege Gottes, sondern Wesen, die wohl auch leiden und Schmerzen verspüren, die jedoch am Lebenstropf derjenigen Menschen hängen, die solches verursachen, bejahen und davon profitieren, und die das Fleisch aller gequälten, grausam getöteten Tierkörper verzehren.

All dies steht im Auftrag des Heidengottes, der „von unten" kommt und der von Anfang an ein Lügner, ein Quäler, Schlächter und Mörder war. Die Gültigkeit der diesbezüglichen Aussage des Jesus von Nazareth ist heute allerorten zu beobachten. Er sprach: *„Ihr habt den Teufel zum Vater, und ihr wollt das tun, wonach es eurem Vater verlangt. Er war ein Mörder von Anfang an. Und er steht nicht in der Wahrheit; denn es ist keine Wahrheit in ihm. Wenn er lügt, sagt er das, was aus ihm selbst kommt, denn er ist ein Lügner und ist der Vater der Lüge!"*

Eine sehr direkte Frage an unsere Leser: Gehören auch Sie zu der heidnischen Gilde?

Sind auch Sie ein Terrorist, was die Erde mit ihren Tieren, Pflanzen und Mineralien betrifft? Wenn ja, dann werden Sie uns, die wir für den einen Schöpfergott sind, Der die All-Einheit, die Gottes- und Nächstenliebe ist, nicht verstehen.

Der Mensch zerstörte die ursprüngliche, harmonische Symbiose zwischen Tier und Natur.
Die malträtierte Erde bäumt sich auf.

Unzählige Menschen in allen Generationen hingen und hängen heute noch der Kultherrschaft „Baal" an, die sich allerdings heute unter verschiedenen Namen kundtut.

Wie schon gesagt: Die heidnischen Kulttraditionen der Unterwelt behaupten, Tiere hätten keine Seele und Pflanzen keine Empfindungen; wir Menschen dürften diese Lebewesen und Lebensformen nach Belieben gebrauchen und auch missbrauchen.

Von diesem Götzenglauben, dem Götzenwahn, wurden Menschen in allen Generationen befallen, gleich geprägt. Deshalb tragen die Tiere allgemein den Stempel: „zum Gebrauch, gleich Verbrauch, bestimmt". Aufgrund dessen erleiden unsere Tiergeschwister Folterqualen; sie werden als Nutztiere missbraucht, an Ketten gelegt, misshandelt, grauenvoll und brutal getötet, in Gefängnissen und in Tierghettos gehalten, bis sie vom Schlächter hingemordet werden, um am Ende von Menschen, von Tierkannibalen, verzehrt zu werden.

Alles, aber auch alles, beruht auf Energie. Da keine Energie verloren geht, ist jegliche Brutalität – gleichermaßen der Missbrauch an den Tieren, an der Natur und der Raubbau an der Mutter Erde – in der Aura des Planeten Erde gespeichert, und ebenfalls in der Filmspule der Seelenhüllen jener Menschen, die dem Götzenwahn verfallen sind. Diese Negativenergie strahlt auf die Erde zurück, was zur Folge hat, dass Tiere voller Angst und Schrecken die Urheber, die Menschen, meiden und vor ihnen weglaufen, also die Flucht ergreifen. Menschen, die schließlich ihre großen Geschwister sind, sollten unseren Tier-Mitgeschöpfen Schutz und Halt bieten, anstatt ein furchterregendes Angstbild zu sein. Weil viele Tiere das Verhalten ihrer großen Geschwister nachahmen, jagen sie ihre kleinen Mitgeschwister – so, wie es die Menschen vormachen. Sie töten und verzehren sie. – Wer hat die Tiere das gelehrt?

Letzten Endes der Mensch, der dem Traditionskult, dem Gott der Unterwelt dient, der, wie gesagt, von Anfang an ein Lügner und Mörder war und das bis heute ist.

Die malträtierte Erde bäumt sich auf, und viele fragen, warum Gott solches zulässt – dann, wenn Stürme und Tornados Häuser zerstören, wenn Fluten über das Land hereinbrechen, wenn durch Trockenheit und Dürre ganze Landstriche unfruchtbar werden. Das alles und weit mehr ist von Menschen verursacht, gemäß dem Gesetz, das sich der Mensch selbst auferlegt hat und das lautet: „Was du säst, wirst du ernten." Es ist letztlich das Prinzip „Trenne, binde und herrsche".

Als der Ewige, den wir im Abendland „Gott" nennen, die Erde für die Menschen, für Seine gefallenen Kinder, nach dem Gesetz des freien Willens werden ließ, waren Tiere und Pflanzenarten zuerst da. Zu Beginn der Erdformung für die Menschen aßen sich die Tiere gegenseitig nicht auf. Sie nahmen das, was die Natur ihnen bot. Die Pflanzen rissen sie nicht mit Stumpf und Stiel aus, wie es heute die Menschen tun. Sie nahmen die Blätter, sie nahmen die Kräuter, die Samen und Früchte und ließen die Pflanzen und Bäume sodann weiter wachsen, so dass sie durch die Kraft von oben gediehen. Das war die harmonische Symbiose zwischen Tier und Natur. Und wie ist es heute? Heute entspricht das Geschehen dem, wie die Menschen sind. Sie haben ihr Verhalten auf die Tier- und Pflanzenwelt, auf den gesamten Erdplaneten, übertragen: das Plündern, Rauben und Morden. Und doch bleibt die ursprüngliche Ordnung ewiges göttliches Prinzip: Die Geschöpfe aus Gott, die Tiere, die Pflanzen, Steine und Mineralien gehören der großen All-Einheit, Gott, an, weil Gott das All-Leben ist und somit alle Seine Lebewesen und Lebensformen Seinen Odem, das Leben, tragen. Das ist, und das wird sein ewiglich.

Die Abkehr von der All-Einheit ist die
geistige Armut des Egomanentums.
Das höllische Brandzeichen: „Alles ist mein!"

Die Abkehr von dem All-Sein, der All-Einheit, ist die Ichbezogenheit, die ihre geistige Armut im „Trenne, binde und herrsche" als Machtanspruch zur Schau stellt, was besagt: „Ich bin mir selbst der Nächste".
Das ist die geistige Unausgewogenheit, das Desinteresse an wahren Werten, an höherer Ethik und Moral; es zeigt sich in Intoleranz, Machtstreben

und Besitzansprüchen und hat die Gier nach Geld und Gütern im Schlepptau. Der Beweis, dass es so ist, zeichnet sich immer mehr ab, denn die heutige Gesellschaft ist eine Egomanengesellschaft mit dem entsprechenden allzumenschlichen Bewusstseinsstand.

Die meisten Menschen heulen mit der Masse und traben als Egomanen – einerlei, welchen Grades – denselben Trampelpfad, ohne Rücksicht darauf, was dabei zugrunde geht. Versucht einer mit einer höheren Gesinnung, diesen Ego-Trampelpfad zu kreuzen, dann erfolgt sogleich das egozentrische Höllengebrüll von unten, vom Baal-System her, die Forderung, den für das herrschende System gefährlichen Abweichler auszugrenzen und eventuell gar niederzumachen.

Dem heutigen Baals-Kult und seinen Anhängern ist jede Höllenkohle recht, die er auf Gottes Schöpfung zu legen versucht, um das Höllenfeuer mehr und mehr anzuheizen, um den Geschöpfen Gottes, einschließlich der Erde, das höllische Brandzeichen zu verpassen, das besagt: „Alles ist mein!"

Den Menschen, die mit von dieser Höllenpartie sind, wurde und wird vom heidnischen System symbolisch eine „Ohrmarke" verpasst, das Einflüsterungsprogramm zur Einflussnahme „von unten".

Die „Ohrmarke" trägt unter Umständen als Kennung auch das niedere Bewusstsein, das von der Maßgabe, der Vorstellung, der Glaube allein genüge, geprägt ist.

Ihr Bewusstsein liegt in Ihnen – der Glaube ist nicht beweisbar.

Wie der Mensch auch über seinen Tag denkt: Jeder Tag ist der Tag jedes Einzelnen und obliegt seiner Verantwortung. An jedem Tag stehen Entscheidungen an und gleichzeitig entsprechende Herausforderungen, die zur Selbsterkenntnis anregen möchten – dann, wenn man wachsam ist und nicht blind mit der Masse Mensch, mit dem Strom der Gleichgültigkeit schwimmt, in der Ansicht, es genüge zu sagen: „Ich glaube an Gott" oder: „Allein der Glaube an Gott genügt". Oder der Mensch überlässt die Verantwortung einfach anderen, indem er erklärt: „Ich glaube, was Priester und Pfarrer predigen." Oder er bleibt unentschieden, in dem Sinne: „Mir ist alles egal; Glaube hin, Glaube her; was soll man denn glauben?"

Schlussendlich sagt so mancher: „Ich glaube an gar nichts, nicht einmal an mich selbst – oder eventuell doch an mich?" Und er weist die Beschäftigung mit Glaubensfragen rigoros von sich: „Wie es auch sei, lassen Sie mir meine Ruhe, was Glauben anbelangt!"

Die Aussage „... oder eventuell doch an mich?" lässt unter Umständen manchen aufhorchen, der ähnlich denkt. Der passive Glaube ist nun mal nicht beweisbar, nicht einmal der Einzelne kann ihn für sich beweisen. Warum nicht? Weil ein passiver Glaube etwas Statisches, etwas Unbewegliches, ist. Aus einem passiven Glauben kann nichts Weiterführendes hervorgehen; er ist nicht entwicklungsfähig. In diesem passiven Prinzip „ich glaube oder ich glaube nicht" plätschern die Tage dahin, ohne dass man sich ernsthaft die Frage stellt, ob das nun wirklich das Leben sei.

Liebe Mitmenschen, weder der passive Glaube noch das, was hier ausgeführt wird, ist beweisbar. Niemand kann es Ihnen beweisen – es kommt ganz auf Sie selbst und Ihr Bewusstsein hierfür an; und das liegt in Ihnen.

Wenn Sie wollen, denken Sie mit: In der ganzen universalen Unendlichkeit gibt es nichts Statisches. Lediglich im kirchlich-konfessionellen Sektor, wo es sinngemäß heißt: „Allein der Glaube genügt", soll alles möglichst starr bleiben. Das in die Kirche hineingetaufte Kind hat schlichtweg zu glauben, was ihm die Kirche vorschreibt. Das ist der passive Kirchenglaube.

Glauben ist eine Glaubenssache. Sich das selbst zu beweisen, woran man glaubt, führt zur Selbsterkenntnis und zur Gottnähe – dann, wenn man den Glauben an Gott in sich selbst erfährt durch das, was uns Jesus von Nazareth lehrte: *„Was du willst, dass dir andere tun sollen, das tue du ihnen zuerst."*

Das Gesetz der Gottes- und Nächstenliebe: „Verbinde und sei".

Wenn Sie an den Ewigen, den wahren, All-Einen Gott glauben, an den Schöpfer der Unendlichkeit, an eine absolute Intelligenz, dann lassen Sie Ihren Glauben an den All-Einen aktiv werden, denn das ewige Gesetz der Gottes- und Nächstenliebe heißt „Senden und Empfangen", „Verbinde und sei" – das ist All-Kommunikation, das ist das wahre Leben.

Sie selbst sind Bewusstsein; Sie tragen im Urgrund Ihrer Seele den unbelastbaren Wesenskern, das All-Leben.

Sie selbst sind also gefragt, sich selbst zu beweisen, dass Gott, der Geist der Unendlichkeit, existiert und dass Er, der All-Eine, im Urgrund Ihrer Seele das ewige Leben ist, das ICH BIN DER ICH BIN.

Der Ewige ist die All-Gegenwart, das All-Gesetz. In der ganzen Unendlichkeit ist das ewige All-Gesetz wirksam – und wer kann es in Ton und Klang empfangen? Alle Wesen – einschließlich der Menschen –, die in Kommunikation mit dem All-Einen stehen, dem Geist der Unendlichkeit. Nicht mit den bloßen Worten „ich glaube" kann der Mensch das pulsierende Leben wahrnehmen, sondern mit den Werken der wahren Nächstenliebe, denn der Ewige ist die Liebe.

Im Vergleich zu vielen Menschen stehen Tier-, Pflanzen- und Mineralreiche ohne Unterbrechung in Kommunikation mit ihrem Schöpfer, dem Ewigen. Menschen, die dem ICH BIN DER ICH BIN, dem allgegenwärtigen Geist, die Ehre erweisen, indem sie den Weg gehen, den der Ewige uns Menschen in den Zehn Geboten durch Mose und Jesus von Nazareth in Seiner Bergpredigt aufzeigte, sind dem Ur-Licht, Gott in uns, im Urgrund ihrer Seele nahe. Sie erfahren, was es heißt: „Verbinde und sei".

Machen wir uns erneut bewusst: In der ganzen Unendlichkeit gibt es nichts Statisches, nichts Starres. Etwas Starres kann nichts Schöpferisches, nichts Kreatives und Kosmisches hervorbringen. Gott, der Ewige, ist immer Bewegung, immer schöpfendes und schaffendes Leben, immer allgegenwärtige Evolution.

Kein Mensch kann Ihnen Gott beweisen. Wir hören und lesen immer wieder vom „Bewusstsein". Das Bewusstsein des Menschen – wohlgemerkt: des Menschen – setzt sich aus dem zusammen, was er fühlt, empfindet, denkt, spricht und wie er handelt. Jeden Tag arbeitet der Mensch unter anderem mit diesen fünf Komponenten, die wiederum auf seine Sinnesorgane einwirken. Mit diesen fünf Wirkstoffen des Fühlens, Empfindens, Denkens, Redens und Handelns, die auch Sprengstoff sein können, und mit seinen Sinnen schafft er sein Bewusstsein. Lage für Lage, also Schicht für Schicht, baut er dieses auf, und das Tag für Tag, Stunde um Stunde, Minute um Minute.

Die Inhalte dieser Bewusstseinsschichten schafft jeder Einzelne von uns Menschen selbst, eben durch die fünf Komponenten. Sie sind also Ihr persönliches menschliches Bewusstsein. Und nur Sie können sich selbst erforschen, was Sie in Ihren Bewusstseinslagen, gleich Bewusstseinsschichten, gespeichert haben.

Wir haben unsere Bewusstseinslagen geschaffen – wir ganz allein. Vor diesem Hintergrund könnten wir uns die Frage stellen und auch selbst beantworten: Was bringt es uns und unserem menschlichen Bewusstseinsstand also, wenn wir am starren Glauben haften, der keine Werke verlangt?

Wir lernen – lernen Sie mit!
„Senden und Empfangen"
und All-Kommunikation, die frei macht

Liebe Mitmenschen, wenn Sie die Gottes-Schöpfung, die Tiere, die Natur, die Mineralwelt, lieben, dann kündigen Sie dem Baal-System auf, und lassen Sie Ihr Wertzeichen, das lautet: „Ich glaube an Gott!", aktiv werden! Wenn Sie wollen, lernen Sie mit uns, dem freien Geist zuzustreben. Lernen Sie mit uns, was Gottes- und Nächstenliebe bedeutet. Lernen Sie mit uns, was es heißt: „Senden und Empfangen", gleich All-Kommunikation, die frei macht! Und bedenken Sie: Es ist noch kein Meister vom Himmel gefallen.

Wir sollten uns immer wieder aufs Neue bewusst machen, dass alle vom Ewigen geschaffenen Lebewesen und alle Lebensformen zur All-Gemeinschaft Gottes gehören, zur kosmischen All-Einheit, zur Familie Gottes, unseres himmlischen Vaters.

Wir Menschen, jeder Einzelne von uns, leben in diesem Göttlichen All-Prinzip „Senden und Empfangen" aufgrund des unbelastbaren Wesenskerns im Urgrund unserer Seele. Die Geschöpfe Gottes, die Tiere, Pflanzen, Steine und Mineralien, stehen, je nach Bewusstseinsstand, der natürlich göttlich ist, in Kommunikation mit ihrem Schöpfer, denn kosmisches „Senden und Empfangen" kennt keine Zeit und somit auch keine Sendezeit und keine Raumbegrenzung.

Wir lernen! Lernen Sie mit? – Alle Lebewesen und alle Lebensformen, die den Wesenskeim und den Wesenskern tragen – Tiere, Pflanzen, Steine und Mineralien –, atmen den Odem ihres Schöpfers, der das Leben ist. Wohlgemerkt: Sie atmen den Odem ihres Schöpfers, der das Leben ist!
Alles ist beatmet vom ewigen Schöpfergott. Jedes Tier, jede Pflanze und jeder Stein im Lebensstrom des Schöpfers ist ein göttliches Mitgeschöpf in der großen All-Familie Gottes. Die Tiere aus Gottes Odem, aber auch die Pflanzenwesen sind des Menschen kleine Geschwister. Auch der Bewusstseinsstand der Mineralreiche gehört dem ewigen Schöpfergott an, der sie in Seiner Schöpfungs-, gleich Schaffungswiege zur Formierung und zur weiteren Bewusstseinsevolution schuf und auf ihrem Evolutionsweg allumfassend begleitet und betreut.
Er, der große All-Eine, ist bei und mit Seiner Schöpfung – wohlgemerkt: ist bei und mit Seiner Schöpfung. Das Gleiche gilt auch für uns Menschen. Gott ist im Urgrund unserer Seele bei uns.

Kann Er, der All-Eine, mit uns sein in unseren Gedanken, in allem, was wir reden und tun? Wenn
ja, dann werden wir zu fühlenden Menschen, in
denen die All-Einheit wirkt, die All-Gemeinschaft.

Das All-Einheitsleben ist das Sein: Es sind die Geschöpfe aus Gott, dem All-Einen, die Tier-, Pflan-
zen- und Mineralwelt, die göttlichen Wesen, die
Geistwesen. Auch wir Menschen gehören im Ursprung unserer Seele zum ewigen Vater-Mutter-
Gott, zur großen Familie Gottes. Alles und alle sind
untereinander verbunden und stehen über den
Wesenskern, das Ur-Herz des Seins, in Kommunikation mit dem All-Einen, dem Schöpfergott, dem
Vater-Mutter-Gott.

Gerade die heutige Weltsituation
zeigt überdeutlich auf,
was „Trenne, binde und herrsche" bedeutet.

Viele Menschen haben den Glauben an Gott verloren, weil Er, Gott, nicht das tut, was sie von Ihm
erwarten, gar verlangen. Sie trennen sich von der
Allmacht Gottes und binden sich an sogenannte
Götter, an Menschen, die sich von Menschen ver-
göttern lassen.

Obwohl in Not, Leid und Ängsten so mancher Gott anruft, haben die meisten Menschen die wahre Bedeutung der Existenz und des Wirkens Gottes vergessen.

Alles, was wir Menschen aus Gottes Wirken sehen und nicht sehen, trägt das Leben, das Gott ist. Wenden wir uns von dem All-Geber ab, dann trennen wir uns von der All-Kommunikation mit den positiven Kräften; wir sagen uns mehr oder weniger los von Gott, dem Schöpfer des Lebens, dem All-Leben. Der Mensch glaubt dann gerade noch an das, was seinen Ansichten und Vorstellungen entspricht.

„Trenne" heißt nichts anderes als: „Ich bin Mensch. Ich schaffe mir das selbst, von dem ich annehme, was für mich richtig und gut ist. Vorwiegend glaube ich an das, was ich sehe und besitze; das betrachte ich als mein Eigentum."

Was entstand und entsteht aus dem Gebundensein an die Selbstverherrlichung, an die Macht des Geldes und an Güter, eventuell sogar an ansehnliche Erbschaften? Macht- und Besitzansprüche und Selbstverherrlichung lassen das „Trenne, binde und herrsche"-Prinzip erkennen, indem jeder gegen jeden ist. Dieses satanische Prinzip zeigt das Getrenntsein von der All-Einheit auf, von dem All-Leben, dem universalen Geist. Die Einflüsterung von unten, vom Gegner des Lebens, lautet: „Glaube nicht an die ewige Existenz; glaube einzig an dich, dann glaubst du an mich."

Aus der Gier nach Macht und Ansehen entwickelt sich der Herrschertrieb, dessen Triebfeder Reichtum heißt. Aus diesen Machtkomponenten, die oft in den geringfügigsten Begebenheiten ihre Wurzeln haben, erwachsen Streit, Kampf, Mord bis hin zum Krieg. Das ist der dämonische Einfluss, das ist die negative Kraft, die von unten kommt. Aus diesem sogenannten „Kampfstoff", den negativen Kräften bezieht das Dämonische, der Dämon, seine Kampfenergie gegen die Schöpfung Gottes und wirkt gegensätzlich auf Menschen ein. Von den Negativenergien der Menschen existiert das dämonische Machtgefüge, das „Trenne, binde und herrsche"-Prinzip. Dadurch werden Menschen nicht nur unfrei, sondern vielfach in eine militante Zwangsjacke gepresst.

Das göttliche „Verbinde und sei" hingegen bringt Freiheit, weil der Mensch sich an nichts und an niemanden bindet, weil ihm bewusst ist, dass er dann, wenn seine Wanderung als Mensch über die Erde zu Ende geht, nichts mitnehmen kann, ausschließlich die Belastungen in seiner Seele durch das „Trenne, binde und herrsche"-Prinzip. Trotz alledem bleibt die Kraft des Christus Gottes in seiner Seele, um das auferlegte Dämonische zu überwinden und abzulegen.

Die Verwirklichung des „Verbinde und sei" kann für jeden von uns Menschen wie folgt gesehen werden:

Ich, der Mensch, lerne, die Verbindung, gleich Kommunikation, zu den kleinsten Bausteinen der Materie herzustellen, indem ich mir immer wieder aufs Neue bewusst mache:

In allen und in allem ist das Positive, der Geist, Gott.

Ich lerne und arbeite daran, zu der Natur und der Tierwelt eine positive Beziehung herzustellen, auch zur Erde mit all ihren Lebensformen.

Ich lerne zu erfassen, dass mein Erdenleben eine wertvolle Gabe des Ewigen ist.

Ich lerne, die Verbindung mit dem Innersten in meinen Mitmenschen zu erfassen, denn im Urgrund jeder Seele ist das verbindende Gesetz der Geschwisterlichkeit zu jedem Bruder, jeder Schwester.

Ich lerne, Frieden zu schließen und Frieden zu halten.

Aus den Lernschritten hin zum kosmischen Prinzip „Verbinde und sei" entwickelt sich allmählich der lebendige Glaube an Gott, der uns Menschen durch Mose die Gebote gab, Auszüge aus dem All-Gesetz, und durch Jesus von Nazareth die Bergpredigt, die das Leben im Geiste des All-Einen darlegt.

Der Mensch – ein Ebenbild Gottes?

Das siebendimensionale Gesetzesleben mit unseren dreidimensional geprägten Worten wiederzugeben, bleibt immer ein Spagat. Wenn wir lesen oder hören, dass wir Menschen Ebenbilder Gottes sein sollen, dann ist damit nicht unmittelbar der sündige Mensch gemeint, sondern das unverrückbar reine Wesen, das Geistwesen.
Alles ist nun mal Energie. Auch der Körper des Menschen ist Energie, auch wenn wir von Knochen, Sehnen, Bändern, Blutgefäßen, Nerven, Hormonen, Drüsen, Organen und, und, und sprechen. Diese Tatsache ist für viele Menschen ganz normal. Doch wenn es heißt: Alle diese Bausteine des Körpers sind nichts anderes als Energie und Energieträger mit unterschiedlichen Schwingungsgraden, weil sie den Inhalten unserer fünf Komponenten

entsprechen, die auch Energie sind – dann wird das oftmals kopfschüttelnd in Frage gestellt.

Ob wir es annehmen wollen oder ablehnen: Die Inhalte unserer fünf Komponenten bestimmen unser Erdendasein, so auch die Struktur und die Ausstrahlung unseres physischen Leibes. Die fünf Komponenten – positiv oder negativ – gehen mit der Zeit in die Zellstruktur unseres Körpers ein, prägen unseren physischen Leib und auch unsere Seele. Aus der Prägung des Menschen entwickelt sich sein Charakter und sein Aussehen.

Zusammenfassend können wir sagen: Jeder Mensch ist sein persönlicher Energiekörper, der seine individuellen Frequenzen ausstrahlt, gemäß seinen energetischen Eingaben, die der Person entsprechen. Im übertragenen Sinne ist dies das Personengesetz des Einzelnen.

Oftmals hören wir: Wir Menschen sind geprägt von den Genen, die wir durch Abstammung geerbt haben, z.B. von denen unserer Großeltern oder Urgroßeltern. Das ist möglich. In einigen Aspekten gleichen wir eventuell tatsächlich dem Großvater oder der Großmutter – doch denken wir auch wie unsere Vorfahren? Der heutige Mensch denkt und handelt entsprechend seiner derzeitigen Lebenssituation und nicht entsprechend den Lebenssituationen seiner Ahnen.

So, wie der Mensch jetzt denkt, fühlt, empfindet, redet und handelt, das prägt ihn heute. Jeder Mensch – damals und heute – gestaltet selbst sein Erdendasein, auch seine Gene.

Wir Menschen sind nun mal eingekleidete göttliche Wesen. Unser Energiekörper ist allerdings geprägt, also gezeichnet, von unseren derzeitigen Verhaltensmustern, doch energetisch gesehen, ähnelt ein ebenmäßiger Mensch als Gestalt einem göttlichen Wesen. Das göttliche Wesen ist ebenmäßig, ewig schön, ewig jung, rein; es ist durch und durch ein kosmisches ätherisches Wesen des Seins; es ist feinstofflich.

Wenn wir von der „Auferstehung des Fleisches", die in mancher äußeren Religion gelehrt wird, hören, dann müssten wir uns vergegenwärtigen: Für uns Menschen gilt: Erde zu Erde. Unser physischer Körper ist aus der Erde und gehört der Erde an. Unsere feinerstoffliche Seele hingegen trägt die Auferstehung zum ewigen Leben als Werdegang, was besagt: Die Seele geht ihren Weg zum ewigen Leben. Wie lange sie geht und wie oft sie sich bis dorthin einverleibt, das obliegt dem Menschen selbst, der, wie gesagt, seine Seele prägt. Doch *in* der Seele ist die Auferstehung zum ewigen Leben, zum göttlichen Wesen, zum ätherischen Geistwesen in uns, unverrückbar angelegt.

Wir lernen,
den großen Garten Eden zuerst
in uns selbst zu gestalten.

Liebe Mitmenschen, machen Sie mit, den großen Garten Eden zuerst in uns selbst zu gestalten! Die Tier- und Pflanzenwelt und die gesamte Mineralwelt gehören zu uns und sind, wie gesagt, als Essenz, als Lebensquell, im Urgrund unserer Seele.

Lassen wir es in uns werden – wie im Himmel, so auf Erden!
Alle Geschöpfe Gottes, alle Lebewesen, alle Tiere, die Naturreiche, alles Sein, wollen *mit* uns Menschen in Einklang leben.
Sie sind im All-Strom, im mächtigen Schöpfungswirken ihres Schöpfers, in der Weiterentwicklung der all-weisen Schöpfungs-, gleich Schaffungswiege Gottes.

Machen Sie mit, das Leben zu achten und zu schätzen!
Machen Sie mit, dem Wesenskern in unserer Seele näherzukommen, in dem Bewusstsein: Der All-Eine ist in uns und in allen Lebewesen und Lebensformen der Natur.

Ein Merksatz, der unseren Alltag bestimmen könnte:

> Die Naturreiche, alle Tiere aus Gottes Odem auf, in und über der Erde, auch die Tiere in den Meeren und Gewässern gehören zu uns Menschen.

Gott, unser himmlischer Vater, ist die All-Einheit, ist der redende Gott in Seiner Schöpfung und auch in uns, in unserem Wesenskern in unserer Seele. Wir machen uns bewusst, dass alle Lebewesen und Lebensformen, die Geschöpfe aus Gott, den Menschen erspüren und fühlen.

Tiere leben ähnlich wie wir Menschen in Bildfolgen. Sie denken nicht, sie lassen das Bild in ihrem Tierbewusstsein werden. In Bezug auf uns Menschen machen sie sich zuerst ein Bild, ein Schnupperbild.

Lernen Sie mit uns, und sagen Sie nicht einfach: „Das kann so sein" oder „das kann ich nicht glauben".
Nicht der andere soll das Gesagte ausprobieren – wir alle sind gefragt, jeder Einzelne von uns, den Tag in dem Bewusstsein zu leben, dass alles, aber auch alles lebt. Wir lernen also jeden Tag.

Wenn Sie wollen, beginnen Sie bei sich selbst. Es ist ein Kriterium des ewigen Lebens: Sie sind frei; Sie müssen nicht. Nach dem ewigen Gesetz, das unter anderem die Freiheit ist, darf Ihnen, darf uns Menschen nichts aufgezwungen werden, auch nicht, etwas glauben zu müssen, das nicht beweisbar ist.

Deshalb lernen wir, zu verstehen und selbst die Erfahrung zu machen, dass unser Leben Einheit ist, und dass auch das Leben vieler Tiere in Bildern verläuft, ähnlich wie das Leben jedes Menschen, allerdings nicht geschönt oder gar gefärbt durch Gedanken. Wahres Leben ist beständige Kommunikation mit dem Schöpfer, mit Gott, unserem himmlischen Vater, dem All-Einen, der die Liebe und Nächstenliebe ist.

Lernen Sie, lernen wir alle, in die Welt unserer Gedanken, Worte und Handlungen zu blicken! Erst wenn Sie bewusst denken und langsam sprechen, merken Sie, dass Ihr Leben in Bildern verläuft, auch Ihre Handlungen. Was Sie in sich in Bildern wahrnehmen, läuft auch in Ihnen ab. Wenn Sie Ihre Bildfolgen bewusst betrachten, das heißt hinterfragen, dann merken Sie sehr bald, was neutral ist, oder was Sie mit Ihren Gedanken gefärbt haben. Alles ist auf Ihrer Lebensspule gleich einer Filmspule aufgezeichnet.

Die Bildabfolgen zeigen auf, wer wir wirklich sind. Unsere Bilder – ehrlich betrachtet – lassen uns erkennen: Das ist unser Charakter und prägt unser Aussehen.

Solange wir unsere Bilder in unserem Lebensfilm nicht zum Positiven verändern und dementsprechend die Inhalte unserer fünf Komponenten, werden wir die Prägung unseres Wesens, unseres Charakters, auch nicht zum Positiven entwickeln. Ändern wir unsere Bildfolgen, indem wir sie mit anderen Inhalten belegen, mit Güte und Liebe, dann verändern wir auch unser Charakterbild. Wir werden charmanter, freundlicher, umgänglicher, gütiger und zugänglicher.

Wir Menschen wollen immer Beweise. Wir selbst sind der Beweis. Denn wenn sich unser Lebensfilm zum Positiven verändert, wenn unsere Bildfolgen lichter werden, dann zeigt sich dies auch in unseren Gesichtszügen und an unserem gesamten Körper. Wir sind also selbst der Beweis, und unser Spiegelbild zeigt es uns.

Lernen heißt, immer zuerst an sich selbst lernen, die Inhalte der eigenen Gefühle, Empfindungen, Gedanken und Worte, auch Handlungen, zu prüfen in der Frage: Bin ich wirklich der, für den ich mich halte?

Alle Lebewesen und Lebensformen
aus Gottes Schöpfung
sind Wesen der All-Einheit.

Machen Sie mit? Wir lernen, selbst zu erspüren, um zu erfahren, dass der mächtige Schöpfergott der Geber des Lebens aller gottgeschaffenen Lebewesen und aller Lebensformen ist.

Sie gehen nun nicht mehr geistig blind über die Erde. Sie erleben, dass der All-Eine Gestalter und Formgeber in Seiner Schöpfung ist. Sie erkennen: Jede Lebensform, ob Tier, Pflanze oder Stein, ist einmalig; sie gleicht der gleichen Lebensform nicht aufs Haar, wie wir Menschen sagen. Warum? Weil jedes Lebewesen einen anderen Aspekt des Bewusstseins ausstrahlt und auch dementsprechend gezeichnet ist.

Uns Menschen wurde durch die institutionellen Kirchen der sogenannte Himmel, gleich einer Fata Morgana nahegebracht, wo hauptsächlich Gott angebetet und eventuell sogar mit Halleluja-Gesängen gepriesen wird. So ist das ganz und gar nicht!

Man kann wohl das siebendimensionale Reich Gottes mit unseren Worten niemals detailliert wiedergeben, aber jeder von uns kann sich das erarbeiten, was im Urgrund seiner Seele ist, das

All-Leben, die Gottes- und Nächstenliebe, der Friede und das Gefühl der ewigen Heimat in Ihnen, in uns allen.

Die ewige Heimat ist das Reich Gottes, in dem die geistigen Familien die Großfamilie in Gott, unserem himmlischen Vater, bilden. Im Gottesreich leben Pflanzen und Tiere in der Einheit mit den göttlichen Wesen. Die ewigen Gärten des Seins, des Reiches Gottes, kennen keine Zäune. Sämtliche Bauwerke bestehen aus dem Ur-Stoff und sind, wie alles, schwerelos. In diesem Zusammenhang denken wir an die Aussage des Jesus von Nazareth: *„Im Haus Meines Vaters gibt es viele Wohnungen. Wenn es nicht so wäre, hätte Ich euch dann gesagt: Ich gehe, um einen Platz für euch vorzubereiten?"*
In den Himmelsebenen in den Bauwerken leben die geistigen Familien, Dualpaare, gleich Dualeltern, mit ihren Kindern, doch alles ist Einheit, alles ist eingebunden in die Großfamilie des Vater-Mutter-Gottes.

Immer wieder kommt die Frage:
Dualpaare gleich Dualeltern und Kinder
aus der Dualität – wie kann das sein?
Im Zeitlichen analog zum Reich Gottes:

Wir lernen: Was wir Menschen im Zeitlichen wahrnehmen, ist analog zum geistigen Reich nur heruntertransformierter Licht-Äther, also Energie, die belastet ist und in der viele Menschen im Fallgedanken ihr Dasein fristen: Trenne, binde und herrsche.

Im Folgenden ein Beispiel zum besseren Verständnis: Eine gute Mutter, in deren Körper sich ihr Kind entwickelt, das sie nach einer gewissen Zeit gebiert, fragt nicht: „Gehört es mir? Bin ich die Mutter?" Ein treuer, guter Vater wird nicht fragen, ob er es gezeugt hat, oder fragen: „Gehört dieses Neugeborene in unsere Familie, und sind alle anderen Kinder der Familie die Geschwister des Neugeborenen?" Für jede gute, intakte Familie ist es selbstverständlich, dass die Mutter die Mutter des Kindes ist und der Vater sein Erzeuger. Kinder gehören zu den Eltern, und Kinder im Reich Gottes sind bei ihren Dual-Eltern und, wie gesagt, gleichzeitig in der Großfamilie. Das ist wahres Leben, das ist „Verbinde und sei", das ist ohne Fallgedanken und daher ewiges Leben.

Auch die Tiere und Pflanzenwesen – auch die, die bei uns Menschen leben – gehören der Großfamilie Gottes an! Sie sollten von uns Menschen so angesehen und behandelt werden, denn sie sind, wie wir Menschen, Wesen der All-Einheit. Das zu lernen, bewirkt inneren Reichtum und geistiges Leben im Zeitlichen.

Nach ehernen Gesetzen werden alle Schöpfungswesen aus Gott, die bei uns im Zeitlichen leben, die Tiere, Pflanzen, auch die Kräfte der Mineralreiche zu ihrer Ur-Form, zu dem jeweiligen Bewusstseinsstand in das Reich des reingeistigen Seins zurückgeführt und in der göttlichen Schöpfungswiege zur Weiterentwicklung vorbereitet. Alle Lebensformen auf, in und über der Erde, in den Gewässern und Meeren, und auch wir Menschen sind nur Gast auf Erden.

Es gibt keine Zufälle!
Warum sterben heutzutage so viele Tierarten aus? Zum einen durch die üblen Lebensbedingungen, die ihnen der Mensch bereitet, zum anderen nimmt der Schöpfergott Seine Geschöpfe, die Tiere, zu Sich, ebenso die Pflanzenarten.
Die Heimholung der Tiere und Pflanzen besagt: Zuallererst waren die Tiere und Pflanzen auf der

Erde, und dann die Menschen. – Wer Ohren hat, der höre, und wer an Gott glaubt, der merkt, was sich in der Unendlichkeit, im All, vollzieht!

Wir Menschen erkennen und lernen daraus: Was den Tieren durch den Menschen an Negativem, Bestialischem widerfährt, ist der Höllenruf des Heidengottes, ist die Unterwelt. Wer an ihn glaubt und seinen Willen erfüllt, der tritt ein grauenvolles Erbe an, denn was der Mensch sät, das wird er ernten.

Was trennt uns von der All-Einheit,
der Kommunikation
mit dem ewigen Schöpfergott?
Wir lernen an uns selbst.

Liebe Mitmenschen, wir sind nun mal Menschen, damit wir die Chance unseres Erdenlebens nutzen, um wieder das zu erfassen, was wir im Urgrund unserer Seele sind: Wesen der Einheit.

Deshalb wollen wir lernen, die Inhalte unserer Gedanken zu durchforsten, um zu ergründen, was wir in unserem Lebensfilm gespeichert haben und warum wir Gott, den Schöpfer allen Seins, der unser himmlischer Vater ist, im Urgrund unserer Seele kaum vernehmen, und dadurch auch nicht den Schöpfergott in den Tieren, Pflanzen und Mineralien. Wo stehen wir – und wie kehren wir zu unserem Ursprung zurück, zur All-Einheit, zu Gott in uns?

In den weiteren Folgen unseres Themas „Die redende All-Einheit – Das Wort des Universalen Schöpfergeistes" heißt es: Lernen und nochmals lernen, denn jeder Augenblick ist kostbares Erdendasein.

Wir lasen, dass jeder Mensch seinen spezifischen Lebensfilm hat, der aus den Inhalten seiner persönlichen Komponenten besteht, dem Fühlen, Empfinden, Denken, Sprechen und Handeln. Unablässig läuft diese Filmspule, weil der einzelne Mensch jeden Tag, ja sogar jeden Augenblick, entsprechend seinem Tagesverlauf mit seinen fünf Komponenten unter Umständen auf sich selbst und auf seine Mitmenschen einwirkt.

Es gibt nichts, was nicht im All gespeichert ist. Denken wir an die sinngemäßen Worte, die Jesus von Nazareth sprach: „Kauft man nicht fünf Spatzen für zwei Groschen? Und doch kümmert sich Gott um jeden Einzelnen von ihnen. Doch bei euch ist sogar jedes Haar auf dem Kopf gezählt."

Alles ist Bewusstsein – auch im Schlaf
erleben wir unser Bewusstsein.

Ein „Nichts" gibt es nicht, auch nicht im Schlaf. In der Nacht, im Schlaf, träumen wir. Es sind meist undefinierbare Träume, die aus unserem Oberbewusstsein und Unterbewusstsein und aus unserer Seele kommen. Was wir mit in das Wachbewusstsein nehmen, könnte uns etwas sagen, denn Träume kommen aus den verschiedenen persönlichen Eingaben in unseren Lebensfilm, die es unter Umständen zu erforschen gilt, um daraus auf eventuelle Fehlverhalten zu schließen, damit wir – sofern diese behoben werden können – frei werden von dem, was auf unserer Seele lastet.

Wie dargelegt, speichert jeder Mensch in Bildern, die seinen Verhaltensweisen entsprechen. Weil die Inhalte des Lebensfilms eines jeden Einzelnen ganz unterschiedlicher Prägung sind, verstehen wir einander selten. Zwar denken wir, wir hätten unseren Mitmenschen verstanden und nicken womöglich noch. – Doch haben wir ihn wirklich verstanden?

Die meisten Menschen wandten sich von der All-Einheit, der All-Kommunikation des Verbindens und des Verbundenseins mit dem anderen ab und schufen ihre persönliche kleine Ich-Welt, so dass der eine den anderen kaum oder gar nicht mehr versteht. Immer wieder hören wir, dass der Mensch der Mikrokosmos im grobstofflichen Makrokosmos ist.

Trotz diesem Wissen sind wir Einzelkämpfer auf dem Trimmpfad unserer Rechthaberei. Damit haben wir unseren Lebensfilm geprägt, der uns das wieder zuspiegelt, was wir noch sind. Wir haben verlernt, die kosmische All-Einheit in uns aufzuschlüsseln, die besagt: Verbinde dich mit dem Wesenskern, dem Sein, das Gott ist, in allen Menschen und in allen Lebewesen, in allen Lebensformen, mit allen reinen Kräften, und sei in Ihm, Der ewiglich der All-Eine ist – Gott.

Wollen wir Menschen in die All-Einheit zurückkehren, um uns selbst und unsere Mitmenschen verstehen zu lernen, aber auch unsere Mitgeschöpfe, die Tiere, Pflanzen und Mineralreiche, alle reinen Kräfte des Seins, des ewigen All-Kosmos, dann steht immer wieder aufs Neue die Frage an: Was trennt mich, was trennt uns immer noch von dem Leben der All-Einheit?

Wir denken: „Jetzt habe ich so viel erkannt und behoben, jetzt müsste ich in den Ozean des Lebens eintauchen."

Kaum gedacht, kommt schon wieder ein Tropfen oder eine ganze Welle an, die uns aufzeigt, was noch zu bereinigen wäre. Bitte nicht aufgeben! Es kann nur noch von Tag zu Tag heller werden.

Wir lernen, die Kindschaftseigenschaften Güte, Liebe und Sanftmut anzunehmen, das heißt, uns erst einmal bewusst zu werden, dass wir in Gott, unserem himmlischen Vater, absolut freie Söhne und Töchter Gottes sind. Wir Menschen nennen die drei Kindschaftseigenschaften auch Geduld, Liebe und Barmherzigkeit, weil darin die Schritte liegen hin zu unserem wahren Ursprung, zur Güte, Liebe und Sanftmut.

Sagen Sie nicht: „Das ist schwer anzunehmen; ich bin Mensch."
Beschweren Sie Ihr Erdendasein nicht mit solchen Äußerungen. Denken wir Menschen öfter über höhere Ethik und Moral nach, dann entschlüsselt sich vieles wie von selbst in der Bewusstwerdung: Was denke ich, was rede ich, und wer bin ich in Wirklichkeit?

Lernen Sie, lernen wir, zu leben in Dem, Der uns liebt und dessen Söhne und Töchter wir im Urgrund unserer Seele sind.

Die Hinwendung zum wahren Leben oder die Trennung von unserem wahren Wesen geht immer von uns selbst aus, von unserem Speichersystem, der individuellen Speicherung, die in vielen Aspekten gegen das Gesetz der All-Einheit ist. Warum? Weil die meisten Menschen auf die Einflüsterungen der Heidengötter hörten und ihnen heute noch anhängen, weil diese überdies immer wieder mit ganz verschiedenen institutionellen und virtuellen Namen auftreten.

Unter ihren Tarnkappen hervor predigen sie geschickt das, was z.B. gegen die Lehre des wahren Gottes und Seines Sohnes – einst in Jesus von Nazareth – ist. Viele Nachfolger des Heidenkultes, hin und wieder auch „Baal-Kult" genannt, verhalten sich dementsprechend und speichern jeden Augenblick, jede Minute, jede Stunde, Tag für Tag das, was falsche Götter ihnen vorgaukeln, ohne zu prüfen, ohne zu wägen und zu messen.

Diese Tarnkappenpredigten werden dann zu Mustern, die in unser Verhalten, in unsere Verhaltensweisen eingehen. Es ist dann das, was wir denken und was wir wieder von uns geben – oder was wir verschweigen.

Achtung! Zum Beispiel ist unser Nervensystem ein unmittelbares Warnsystem; es sendet Signale und gibt uns Hinweise auf das, was wir sind und –

oftmals ungewollt – von uns geben, anstatt es rechtzeitig zu beheben. Meist kommt es unbedacht aus unserer Filmspule oder aus dem augenblicklich unkontrollierten Verhalten. Doch es kommt aus uns, aus unseren fünf Komponenten Fühlen, Empfinden, Denken, Reden und Handeln, womit wir vielfach jonglieren.

Um uns selbst zu finden, wer wir wirklich sind, was wir in unseren Speicher, den Lebensfilm, eingegeben haben oder neu speichern, heißt es immer wieder aufs Neue, wachsam zu sein, um uns selbst zu beobachten. Durch das Lernen an uns selbst, indem wir uns also bewusst machen, was wir gerade denken und reden oder worüber wir uns augenblicklich erregen und ärgern – z.B. wer löste einen Streit aus, und inwieweit haben wir uns mit hineinziehen lassen und, und, und –, lernen wir mit der Zeit, auch unsere Mitmenschen zu durchschauen, sie also zu erkennen.

Wachsam sein heißt die Parole, denn das, was wir aussenden, kommt irgendwann wieder auf uns zurück.

Es sei wiederholt: Alles, aber auch alles, was wir denken und reden, all unser Handeln, tut sich in Bildern kund, und das speichern wir auch in Bildern.

Jeder Tag bringt für jeden von uns andere Begebenheiten, Situationen, Gespräche, aber auch Sorgen und Ängste, zum Beispiel, was die Familie anbelangt, im Freundeskreis, am Arbeitsplatz, beim Sport etc.

Wir speichern unaufhörlich, können aber auch jeden Augenblick lernen – dann, wenn wir uns in den verschiedenen Situationen und Gesprächen immer wieder selbst in Frage stellen, indem wir uns z.B. prüfen: Was bewegt mich? Worauf reagiere ich, und wie? Warum rede und handle ich in bestimmten Situationen, die mich betreffen, gereizt und abwehrend, vor allem dann, wenn sich mein Nervensystem zusammenzieht und mein Pulsschlag erhöht?

Wahre Demut ist Freiheit,
Fürsorge und Aufbau – Egoismus ist
lebensverachtend und zerstörend.

Durch Wiederholungen vertiefen wir das Gelernte: Der All-Eine ist die Gottes- und Nächstenliebe, zu der die All-Einheit gehört, die ganze Unendlichkeit, alle Gestirne, alle Tiere, Pflanzen und Mineralien. Das allumfassende Leben, das der All-Eine ist, der Schöpfergott, ist die absolute Demut, die sich zum Kleinsten neigt und es in Seiner Liebe werden, wachsen und reifen lässt in der Schöpfungs-, gleich Schaffungswiege, dem geistigen Geburtskörper Seiner Kinder.

Der Ewige ist mit uns Menschen. Er steht uns bei. Er ruft und reicht uns Seine Hand. Er, die wahre Demut, ist ein fürsorglicher Vater-Mutter-Gott, auch in Bezug auf uns Menschen.

Wir lernen:

Ohne wahre Demut keine Gottes- und Nächstenliebe, und ohne Gottes- und Nächstenliebe keine Demut, keine Liebe und Barmherzigkeit zu unseren Mitgeschöpfen, den Tieren und Pflanzen, auch nicht gegenüber der Mutter Erde, der Ernährerin der Menschheit. Wahre Demut ist Freiheit, Fürsorge und Aufbau – Egoismus ist lebensverachtend und zerstörend.

Schauen wir uns selbst an und lernen: Wer möchte, der lernt, seine Verhaltensmuster – mit denen der Mensch tagtäglich jongliert – den Zehn Geboten Gottes und den Lehren des Jesus von Nazareth gegenüberzustellen, um zu ergründen, ob er wahrlich demütig ist oder etwa ein selbstherrlicher Egomane, der sich tagtäglich selbst beweihräuchert.

Ein weiterer Lernschritt wäre:
Was wollen uns Tiere und Pflanzen sagen und
uns lehren? Nicht etwa umgekehrt, was wir den
Tieren und Pflanzen zu sagen haben.

Wir lernen und erfassen immer mehr in uns:
Die göttliche Schöpfung hat nicht den Intellekt, sondern die All-Intelligenz. Tiere verfügen über Intelligenz, weil sie in Gottes Odem sind.
Wenn der Mensch vor dem All-Leben, dem All-Sein,
demütig geworden ist, wird er zwar mit seinem
Tiergeschwister keine Wunder erleben, aber er hat
einen wahren Freund, einen wahren Begleiter, ge-
wonnen, der auch ihn einiges zu lehren vermag.

Es lohnt sich, uns tagtäglich mehr bewusst zu
machen, welch großes, allumfassendes Leben in
uns pulsiert: Es ist der vollständige Wesenskern
im Urgrund jeder Seele und somit auch in der
Seele jedes Menschen, in jedem von uns.

*Tiere wollen ernst genommen
und fürsorglich behandelt werden.*

Wir lernen: Die Tiere aus Gottes Odem – einerlei, welcher Art, wie groß oder klein – gehören zum Leben, zur Einheit, zu uns Menschen. Sie wollen von ihren großen Geschwistern, von uns Menschen, ernst genommen und fürsorglich behandelt werden, so, wie es der ewige Schöpfergott allen göttlichen Wesen des ewigen Reiches, des Ewigen Seins – die auch wir im Urgrund unserer Seele sind – in der Schöpfungswiege eingehaucht hat.

So manches Tier könnte uns Menschen Hilfe sein, um uns in unserem Lebensfilm selbst zu finden, z.B. angesichts dessen, wie wir uns gegenüber unseren Mitmenschen und gegenüber der Tier- und Pflanzenwelt verhalten. Wir sind aufgerufen, uns immer wieder neu zu fragen, uns neu zu orientieren und zu prüfen, inwieweit wir Gott in uns nähergekommen sind, dem Gesetzeswort der All-Einheit.
Unsere Haustiere, die uns unter Umständen am nächsten sind, könnten uns so manches lehren, so auch in der Frage, die sie an uns richten, und die heißt: Wer erzieht wen?

Den Umgang mit unseren Tiergeschwistern sollten wir immer wieder selbstkritisch beleuchten, z.B.: Wollen wir Menschen in der Gefangenschaft leben? – Wer will das schon?! Des Menschen Verlangen steht nach Freiheit. Freiheit gebührt auch den Tieren, denn Tiere aus Gottes Odem tragen das Gesetz der Freiheit in sich.

Jedem Tiergeschöpf, ob groß oder klein, steht Achtung und Wohlwollen zu, was auch der Mensch für sich beansprucht. Nur in der gegenseitigen Rücksichtnahme ist Kommunikation die Grundlage zur All-Kommunikation des Lebens, das der ewige Schöpfer ist.
Unsere Haustiere sind ebenso Wesenheiten wie alle anderen Tiere in, auf und über der Erde, in den Gewässern und Meeren. Sie alle wollen ernst genommen werden. Zum Beispiel möchte unsere Katze oder unser Hund nicht als Schmusetier behandelt werden und auch nicht eingesperrt sein, der Hund nicht an der Kette liegen, und Vögel wollen nicht in Käfigen gefangen gehalten werden. Wir sollten ihnen die Freiheit lassen und jedem Tiergeschwister entsprechend seinen wahren, vom ewigen Schöpfer gegebenen Anlagen begegnen. Schmuseworte und Schmusegesten deuten unter Umständen darauf hin, dass wir die Tiere nicht

ernst nehmen, ihr Wesen gering schätzen, sie als unter unserer sogenannten „Würde" betrachten und daher auch dementsprechend behandeln. Nicht des Menschen „Zentrifugalbewusstsein" ist gefragt, sondern wahre Demut, die der All-Eine ist und die Er ebenso in unsere göttlichen Anlagen gelegt hat.

Unsere Aura spiegelt
unsere Verhaltensweisen wider –
die Tiere nehmen unsere Ausstrahlung wahr.

Jeder Einzelne von uns verhält sich gemäß dem Bildmaterial in seiner Filmspule; das ist seine Gravur; das strahlt der Mensch auch aus; das ist sein Fluidum, seine Aura. Jedes Bild auf unserer Filmspule hat unter anderem seinen spezifischen Geruch; es ist der Körpergeruch, den die Tiere in ihre Wahrnehmung mit einbeziehen. Alle Tiere, ob groß oder klein, haben, wie schon berichtet, entsprechend ihren Evolutionsschritten ihre gelebten göttlichen Schöpfungsbilder.
Leider tragen sie auch Bilder in sich, wie gewisse Menschen sie behandelten und behandeln. Diese Bilder nennt man „Schnupperbilder". Sie sind meist Warnzeichen für die Tiere. Sie „erschnuppern"

Bilder von Menschen, die ihnen deutlich aufzeigen, wen sie vor sich haben, was z.B. dieser Mensch denkt, wie er ist und was er ihnen eventuell zumuten oder wie er sie behandeln könnte. Auch Gedanken haben ihren spezifischen Geruch.

Liebe Mitmenschen, lasst unsere kleinen Tiergeschwister leben – seid gut zu ihnen!
Wenn wir lernen wollen, dann sollten wir uns bewusst machen: Unser ganzes Verhalten ist Prägung, ist also unsere Gravur, die sich als Aura, als Korona, um unseren Körper bewegt und unsere Verhaltensweisen in Farbe, Form bis hin zum Duft widerspiegelt. Das ist unser Lebensfilm und nicht zuletzt der Ausdruck unseres derzeitigen Charakters.

Wer sich selbst erforscht, der lernt an sich selbst. Wie gesagt, die Demut ist der Weg zur All-Kommunikation.
Wer lernen möchte, stellt an sich selbst die Frage: Wie sieht es aus mit meiner, unserer Demut? Wie tief ist noch der Krater des Egomanentums? Was begehrt noch auf in unseren Gedanken, das vernichten und zerstören möchte, das Tiere quälen, malträtieren, foltern oder gar mutwillig töten möchte?

Leider ist es keine Seltenheit, dass Menschen mit solchen und ähnlichen egozentrischen Gedankenmustern, gleich Verhaltensweisen, auf die Tiere Einfluss nehmen und auf sie einwirken, sie als Gefangene halten und dem Schlächter ausliefern, sie bewusst töten lassen und geradewegs noch ihr Fleisch verzehren.

Lernen wir, den Tieren in die Augen zu schauen. Ihre Augen spiegeln oftmals Angst und Schrecken, denn sie erschnuppern das Vorhaben der Menschen und was ihnen von Menschen widerfahren könnte.

Wir lernen nie aus: Die Augen vieler unserer Tiergeschwister sind voll Trauer und Leid, strahlen Ängste und Misstrauen aus; viele Tiere sind gar aus Furcht vor den Verhaltensweisen der Menschen aggressiv und ihnen gegenüber nicht gerade wohlwollend. Auch das will uns etwas sagen. Wir sollten die Maßnahmen der Erziehung, die wir vielfach bei Tieren anwenden, um sie gefügig zu machen, gerechterweise bei uns, bezüglich unserer Verhaltensprägungen anwenden. Recht haben ist immer einseitig; Gerechtigkeit walten zu lassen, führt zur Selbsterkenntnis, was eventuell bei uns selbst zu Buche steht.

Angst, Furcht und Angriff eines Tieres sind Zeichen, dass es viel Ungutes, viel Boshaftes und Bösartiges erlebt hat – und wahrlich nicht durch den Schöpfergott, sondern von uns Menschen!
Wir lernen: Was lesen wir in den Augen der Tiere, z.B. in den Augen unserer Katze oder unseres Hundes und im Verhalten des Vogelwesens im Käfig? Was und wie teilen Tiere sich mit? Um das zu erfühlen, müssten wir ruhiger werden und unsere Gedanken und unsere Wünsche an sie zuerst an uns selbst richten, in der Frage: Was erwarten wir von unseren Tiergeschwistern, das wir selbst gegenüber ihnen und unseren Mitmenschen nicht halten?

Aus der Gesprächsrunde eine Zwischenfrage.
Um Tiere zu verstehen,
müssen wir durchlässig werden.

Frage: *Wir hören immer wieder: Die Tiere und Pflanzen wollen uns etwas sagen und lehren. Gibt es dafür Beispiele? Und wie kann ich sichergehen, dass ich wirklich wahrnehme, was mir z.B. ein Tier sagen möchte, und nicht das, was aus mir selbst kommt, also das, was ich in meinem Lebensfilm, gleich in meiner Lebensspule, gespeichert habe?*

Antwort: Wollen wir die Tier- und Pflanzenarten aus Gottes Odem verstehen lernen, dann setzt dies voraus, dass des Menschen Bewusstsein entsprechend durchlässig ist.

Jeder Mensch, dessen Bewusstsein flexibel ist, hat vor dem Leben der Tiere und Pflanzen eine gebührende Achtung. Er lernt um vieles leichter zu verstehen, was uns Menschen gerade Tiere durch „Senden und Empfangen", durch Kommunikation, mitteilen möchten. Der Flug der Vögel z.B. will uns etwas sagen, dann, wenn sie uns wahrnehmen und sogleich schreiend und kreischend davonfliegen oder mahnende Rufe ausstoßen. Oder wenn sie sich auf dem Ast eines Baumes niederlassen, um uns aus der Distanz zu beobachten.

Wollen wir lernen, dann könnten wir auf Verschiedenes achten, z.B.: Was hat das Auffliegen der Vögel und was haben ihre Laute bei uns, also in unserem Resonanzboden des Nervensystems, ausgelöst? Was dachten wir in dem Augenblick, als die Tiere erschraken, und was dachten und fühlten wir, als sie kreischend davonflogen oder als sie uns vom Baum aus beobachteten?

Alle Bewegungen und Regungen der Tiere sind Sendeaspekte, die in unserem Nervensystem und gleichzeitig in unseren Denkvorgängen einiges anregten, was besagt, dass wir empfangen haben, was unter Umständen eine Botschaft an uns war. Jeder von uns wird das empfangen, was gerade in seinem Lebensfilm für ihn bedeutsam wäre.

Oder denken wir an die Haus- und Hoftiere, die uns Menschen um einiges näher stehen. Für sie sind wir nicht einfach der Mensch, der ihnen bekannt bzw. vertraut ist, sondern sie nehmen uns in mancherlei Hinsicht viel differenzierter wahr: Als Erstes ist für sie unser Geruch von Bedeutung, als Zweites registrieren sie unser Auftreten, ob hektisch oder einigermaßen ausgewogen. Sie schauen und erschnuppern das gesamte Fluidum der Aura des Menschen, denn was der Mensch in seiner Seele und in seinem Ober- und Unterbewusstsein gespeichert hat, das ist auch in seiner Aura sichtbar und hat seine spezifischen Farben und seinen Geruch.

Im Umgang mit unseren Tiergeschwistern könnten wir uns z.B. des Öfteren fragen: Welche Farbnuancen und welchen Geruch haben derzeit unsere Gedanken? Oder: Wie sind heute unsere Verhaltensweisen? Alles, was wir verbergen – ob wir dem Tier gegenüber freundlich tun oder ihm ein echter Freund sind –, ist für das Tier offenkundig.

Es erkennt uns, wie wir wirklich sind, ungeachtet unserer Verschleierungen, die man auch als „Maskerade" bezeichnen kann.

Alles, aber auch alles, ist sichtbar; alles hat seine Farben, seine Klänge und den entsprechenden Geruch.

Von Tieren lernen

Wenn wir wollen, könnten wir von den Tieren lernen. Sie reagieren nicht so spontan, oftmals unüberlegt, wie der Mensch. Bevor das Tier reagiert, baut sich in ihm zuerst ein Bild auf. Hat sich das Bild im Tier so weit vervollständigt, dann sehen und erleben wir seine Reaktionen. Entweder werden die Augen des Tieres trübe, weil es z.B. Angst vor uns Menschen hat. Gleichzeitig wird es den Versuch unternehmen, von uns wegzulaufen, oder es greift an, je nachdem, was zugrunde liegt. Oder das Tier fügt sich dem Menschen und tut, was dieser von ihm verlangt – allerdings oftmals nur aus Angst.

Ist kein Ausweg in Sicht, so ergeben sich viele Tiere in ihr Schicksal und nehmen das Joch auf sich. Der Strick, die Kette, das Eingesperrtsein z.B. sind für sie Freiheitsentzug, eine Grausamkeit des Menschen, gegen die sich das Tier nicht wehren kann.

Tiere sind feinfühlende, intelligente Wesen. Sie merken sich, wer sie missachtet, womöglich schlägt, und wer es ehrlich und gut mit ihnen meint. Wache, offene und klare Augen des Tieres wollen uns eventuell sagen: Du bist mein Freund, du tust mir

nichts zuleide; mit dir habe ich Freundschaft geschlossen. Oder gar: Wir sind Freunde.

Tiere kennen keine Angst vor dem Sterben, aber
sehr wohl haben sie Angst und geradezu Panik vor
dem Foltertod durch Menschenhand. Außerdem
fühlen und empfinden sie, wenn das Schicksal
über sie kommt, dem Schlächter ausgeliefert zu
werden.
Unter anderem haben Menschen, die das Fleisch
ihrer Mitgeschöpfe verzehren, eine gewisse Aus-
dünstung, das heißt, einen bestimmten Geruch,
den die Tiere registrieren. Der „Tiertotengeruch"
ist für sie nicht nur ein Warnsignal; so manches
Tier gerät in Panik und greift an.
Schauen Sie des Öfteren den Tieren in die Augen,
die dem Schlächter zugetrieben werden – eventuell nehmen Sie dann Abstand, Tierleichenteile zu
verzehren.

Machen wir uns bewusst: Tiere haben eine feine
Wahrnehmung. Ihre Intelligenz nennen viele Menschen – etwas abfällig – „Instinkt"; doch die Intelligenz der Tiere steht beständig mit der universalen
All-Intelligenz in Kommunikation, dem All-Leben.
Sich das bewusst zu machen heißt: Uns selbst zu
fragen, wie es um uns Menschen steht.

Täuschen wir uns also nicht! Der Mensch kann anderen Menschen etwas vormachen, aber nicht den Tieren. Menschen kennen sich oftmals selbst nicht, aber Tiere schauen und durchschauen die Menschen, weil sich in ihrem Bewusstsein ein untrügliches Bild aufbaut.

Jedes Tier hat Bewusstsein gemäß seinem Entwicklungsstand; dementsprechend sendet und empfängt es. Tiere sind wahrnehmungsfähige Wesen, die ihre Wahrnehmungs-Bilder schauen und erschnuppern, die sich erst dann ändern, wenn der Mensch in seinem Erdendasein gütig und verständnisvoll geworden ist.

Menschen senden unterschiedliche Frequenzen aus. In der gesamten Skala von Schwingungen sind Frequenzen dabei, die bestimmte Tierarten aufnehmen und sich dann auch dementsprechend verhalten.

Leider hat die Masse der Menschen kaum Zugang zu der Tier-, Pflanzen- und Mineralwelt. Menschen zerstören, sie jagen die Tiere, töten und verzehren sie bedenkenlos. Dieses Grauen negativer Energie überträgt sich auf die Tiere. Viele Tierarten sind Nachahmer der Menschen. Sie jagen ihre Mitgeschwister, töten und verzehren sie.

Die Menschen in allen Generationen sind die Auslöser dieses Übels.

Würde der Einzelne sich auf höhere ethisch-moralische Werte besinnen, in dem Bewusstsein, dass in allem und in allen Gottes Walten, Gottes Schöpferkraft ist, Gottes Liebe, das allwaltende, ewige Gesetz, das uns die Gebote Gottes und die Lehren des Jesus, des Christus, verdeutlichen, dann gäbe es Frieden auf der Erde. Die Tiere würden das, was der Mensch aussendet, aufnehmen und sich entsprechend verhalten.

Mit Tieren leben und echte Freundschaft mit ihnen zu schließen heißt: echte, treue Freunde haben. Tiere lieben die Gemeinschaft mit Menschen, denen sie vertrauen können. Sie werden sich als verlässliche Freunde erweisen, als Tiergeschwister mit einer kosmischen Intelligenz, also mit einem Bewusstsein, das über dem Intellekt menschlicher Ignoranz steht.

Erinnern wir uns an die sinngemäßen Worte Jesu: *„Das Reich Gottes ist inwendig in euch."* – Das Reich Gottes ist das All-Leben, zu dem jedes Tier, jede Pflanze, jedes Mineral und sämtliche Sonnen und Planeten gehören. Alle Sonnen und Planeten sind eingebettet im Licht-Äther und sind selbst komprimierter, verdichteter Licht-Äther. Alles in allem ist das Gesetzeswort des All-Einen. Und alle

Bewusstseinsaspekte in allen Himmelsebenen nehmen Sein Wort wahr.

Der Mensch hingegen ist sich selbst Gesetz. Was er in seinem Gehirn gespeichert hat, das ist sein Persönliches, das entspricht ihm, der Person, das ist er, und so verhält er sich. So kleidet er sich, so spricht er, so isst er, so gibt er sich, so ist er zu Hause. Alles in allem nennt man diese Verhaltensweisen das Personengesetz oder das Entsprechungsgesetz der Person.

Erfahrungsberichte von Zuschauern der Sendereihe „Die redende All-Einheit – das Wort des Universalen Schöpfergeistes" und von Teilnehmern der Gesprächsrunden

Das All-Kommunikationsprinzip findet großes Interesse und macht neugierig, insbesondere, wenn es um die Tiere geht, also um die Kommunikation mit Tieren. Viele Menschen folgen den Ausführungen zum Thema „Die redende All-Einheit – Das Wort des Universalen Schöpfergeistes" mit großer Begeisterung; viele machen auch erste Lernerfahrungen, wie sie die gewonnenen Erkenntnisse in die Tat umsetzen können.

Eine Tierfreundin schrieb z.B.: *„Das ist eine neue Welt und ein ganz neues Leben, das sich für uns, für alle Menschen, aufgetan hat!"*
Sie schilderte dann folgendes Erlebnis, wie sie mit der inneren Kommunikation einem Tier helfen konnte:

Eine unserer drei Katzen war tagelang nicht mehr nach Hause gekommen. Wir machten uns große Sorgen. Ich erinnerte mich dann an die Ausführungen über die redende All-Einheit, das Wort des Universalen Schöpfergeistes, dass alles miteinander verbunden ist, und habe also ganz bewusst „von Wesenskern zu Wesenskern" Kommunikation mit unserer Katze aufgenommen, so dass ich ihr „Bild" und ihr Wesen in mir spürte. Ich vermittelte ihr, dass wir sie vermissen, dass wir sie lieb haben und uns freuen, wenn sie nach Hause kommt (ein „Bild" vom guten Essen und von den kuscheligen „Katzenplätzen" im Haus wurde gleich mit übermittelt). Dann habe ich losgelassen und bin zur Arbeit gefahren.
Ein paar Stunden später hatte ich auf einmal das Bild der Katze vor Augen und das Gefühl, ich müsste jetzt schnell nach Hause. – Und tatsächlich: Sie war da! Ziemlich verstört und mitgenommen und furchtbar hungrig – deshalb war ich froh, dass ich

sie gleich mit frischem Essen und Wasser versorgen und ihr sagen konnte, wie glücklich wir sind, dass sie heimgekommen ist!

Ich bin überzeugt, dass diese innere Kommunikation unserer Katze geholfen hat, bald wieder nach Hause zu finden, und dass mir über die Verbindung mit ihr auch signalisiert wurde, genau zur rechten Zeit zur Stelle zu sein, als sie mich brauchte. – Dieses Erlebnis ermutigt mich natürlich noch mehr, mich in der inneren Kommunikation zu üben.

Diese Sendereihe ist einmalig – ich bin sehr, sehr dankbar dafür!

Ein geschätzter Musiker schrieb Folgendes:

Die Sendung „Die redende All-Einheit – Das Wort des Universalen Schöpfergeistes" erreicht solche Dimensionen, dass es für uns Menschen den definitiven historischen Abschied von unserem Intellekt und allem, was wir an Wissen geschaffen haben, bedeutet. Fantastisch, dass wir mit so einfachen Begriffen in so tiefe Empfindungen und Dimensionen geführt werden. Es weckt ganz große Sehnsucht, diese echte Kommunikation mit allem zu erlangen.

Viele Menschen sind sicherlich vor Freude von ihrem Sofa aufgesprungen, als sie davon erfuhren! Irgendwie erscheint das Ganze so einfach, dass man sich fragt, warum wir immer noch so viel Verkehrtes in uns tragen. Auf jeden Fall ist das wertvolle Ziel durch die Sendung und die Übungen deutlich greifbar geworden – das gibt mehr Kraft und Mut für die „Putzaktion" und die „Umgestaltung" unseres Wesens.

Beim Musizieren habe ich gelernt, mich zu bemühen, jede Note in mein Herz hineinzuziehen. Und heute verstehe ich, dass alles – alles, was lebt, jedes Wesen oder jedes noch so winzige Ding – wie eine Note ist, die eine Resonanz in mir finden kann, sobald ich den richtigen inneren Raum dafür gebe. Das unbeschreibliche „Symphoniegefühl" steigt; es gibt keine Grenze mehr, und man verlässt allmählich alle menschlichen Begriffe, um in einem riesigen Ozean zu schwimmen. Es ist ... eben ES IST!

Danke, vielen Dank an Gott, unseren himmlischen Vater, dass wir uns von Ihm, von dem Leben, füllen lassen können!«

In einem weiteren Bericht schildert ein Tierfreund eine sehr intensive Lernerfahrung:

In den Ausführungen zum Thema „Die redende All-Einheit – Das Wort des Universalen Schöpfergeistes" hören wir immer wieder sinngemäß die wichtige Aussage: Freiheit ist das höchste Gut für Tiere!

Wir hören das und machen uns ein menschliches Bild von der Freiheit, und das übertragen wir ganz besonders auf unsere Haustiere. Wir Menschen bestimmen – ob wir das wahrhaben wollen oder nicht –, wie ihre Freiheit aussehen soll. Wir fragen selten danach, was unser Tiergeschwister wohl unter „Freiheit" versteht, das heißt, welches Bild z.B. unsere Hauskatze von ihrer Freiheit hat.

Es geht um unsere Katze, die uns vor über zehn Jahren schreiend zugelaufen war. Sie hatte kleine gesundheitliche Störungen, war aber sonst sehr „pflegeleicht". Ihr „eigener Kopf" ist ein besonderes Merkmal im Vergleich zu unseren anderen Katzen. Sie kann einerseits stundenlang in ihrem Körbchen schlafen, aber andererseits genau so lange unterwegs sein. Zwei Türen stehen immer offen, so dass sie kommen und gehen kann, wie sie möchte. Sie isst und trinkt, und wir sind glücklich, wenn sie bei uns ist.

Vor zwei Wochen kam sie humpelnd ins Zimmer, miaute und ging wieder, um sich unter einem Busch auf die Erde zu legen. Besorgt riefen wir zu vorgerückter Stunde den Tierarzt. Er diagnostizierte nach der ersten Untersuchung einen Bänderriss am Kniegelenk des linken hinteren Beines. Empfohlen wurde eine Abklärung in einer befreundeten Tierklinik. Die Röntgenaufnahme bestätigte die Vermutung, und die Empfehlung der Tierärzte war die sofortige Operation. Besorgt – wahrscheinlich mehr um uns – stimmten wir der Operation zu.

Es folgten zwölf Tage in der Pflegestation mit einem geschienten linken Hinterbein und einer traurigen Katze. Wir besuchten sie so oft, wie es uns nur möglich war, und erlebten teilweise aus ihren Blicken die Vorwürfe: „Was habt ihr mit mir gemacht? Und warum muss ich jetzt in diesem Zimmer eingesperrt sein?"
Wir versuchten, ihr zu erklären, dass es bald wieder gut sein und das Beinchen heilen würde. Sie humpelte, so gut sie konnte, und schlief sehr viel. Der Tag der Verbandabnahme kam, und damit ihre Hoffnung, jetzt bald frei zu sein.
Als wir sie endlich abholten, wurden ihre Augen mit jedem Blick aus dem Auto immer größer. „Besorgt" haben wir sie dann wieder in die Wohnung

„eingesperrt", obwohl ihre einzige Sehnsucht Freiheit nach draußen war. Zwei Tage wollten wir sie „stabilisieren", aber für unser Kätzchen wurde es eine Qual. Sie sah, wie die anderen Katzen – wir leben mit drei Katzen – hinausgelassen wurden, und vor ihr war die Tür wieder zu, damit „ihr nichts Böses widerfahren könnte". So dachten wir Menschen, aber nicht die Katze. Ihr einziges Verlangen war die Freiheit und nicht unsere Fürsorge.

Am Morgen des dritten Tages wollten wir mit ihr „spazieren" gehen. Das dachten wir – aber nicht sie. Sie hatte nur Freiheit im Sinn, ohne unsere Aufsicht. Sie lief uns Menschen davon. Als sie nach Stunden endlich wieder zu Hause im Zimmer war, beschlossen wir, alle Türen zu öffnen und ihr die Freiheit der selbstständigen Bewegung zu geben. Nach einem kurzen Imbiss ging sie zielstrebig auf das Katzentürchen zu und verschwand im großen Garten.

Jetzt, da sie ihre Freiheit wieder hat, ist sie auch wieder glücklich. Wird sie einmal müde, legt sie sich auf die Mutter Erde zu ihren „Pflanzengeschwistern"; hat sie Schmerzen, dann kühlt die Mutter Erde ...

Was ist daraus zu lernen, wenn wir hören, dass unsere Tiere die Freiheit über alles lieben? Sogar das Sterben – natürlich ohne Quälerei durch

Menschenhand – ist für das Tier kein Gefahren-
bild, denn das Leben geht ja weiter ...

Für uns, die doch so „besorgten" Menschen, ist das
ein sehr schmerzlicher Lernprozess. Man kann davon zwar theoretisch hören, doch nur durch das
persönliche Leid und die sogenannte Sorge um das
Tier lernt man langsam, wirklich zu begreifen.
Die „redende All-Einheit", der Schöpfergeist, führt
das Tier und wird es niemals aus Seiner Hand
lassen. Doch wir Menschen können das oftmals
nur sehr schwer akzeptieren. Wir meinen, allein
unsere Fürsorge könne das Tier vor Schaden bewahren. Warum denken wir so eng? Glauben wir
an die unendliche Fürsorge unseres Schöpfers für
alle Wesen? Manchmal, und besonders in solchen
schmerzlichen Situationen, müssen wir uns unsere Kleingläubigkeit eingestehen, uns vor der großen „redenden All-Einheit" in dankbarer Demut
verneigen und das Wirken des Schöpfers in allen
Lebenslagen sehen lernen.
Die Freiheit ist das höchste Gut der Tiere, selbst
wenn es das Sterben kostet. – Das dürfen wir aus
dem Erlebten lernen.

Die Sensibilität der Tiere übertrifft alle Vorstellungen des Menschen – ein kleiner Ereignisbericht:

Würden wir Menschen uns nur auf unsere Sinne verlassen müssen und eventuell ein wenig Telepathie erlernen – würden wir dennoch nicht an die kommunikativen Fähigkeiten der Tiere heranreichen. Ein kleiner Bericht während der Entstehung des Lehr- und Lernwerkes „Die redende All-Einheit – Das Wort des universalen Schöpfergeistes" über ein Ereignis, das als weiterer Beweis für das beschriebene Bewusstsein unserer Tiergeschwister dient:

Wir saßen beim Frühstück, unsere Katze, von der schon einmal berichtet wurde, lag in der Nähe des Esstisches und des Abstelltisches für das Telefon. Wir sprachen miteinander, während unsere Katze eifrig ihrer Morgentoilette nachging. Das linke Hinterbein wurde gerade „bearbeitet", als sie plötzlich innehielt. Das Hinterbein noch in die Höhe gereckt, lag sie bestimmt einige Minuten und lauschte. – Was soll das bedeuten? Plötzlich begann sie sich wieder zu putzen und verhielt sich ganz normal.

Ein Mitbewohner, der unsere Tiergeschwister sehr deutlich zu erfassen vermag, sagte: „Wenn ich einen Bekannten jetzt nicht stören würde, würde ich ihn am liebsten anrufen und ihn Folgendes fragen: Hattest du die Absicht, uns anzurufen? Wenn ja: Kam etwas dazwischen, das dich daran hinderte?"

Wir kamen überein, nicht zu stören, sondern abzuwarten, ob der Bekannte eventuell anrufen würde. Er rief an, und zwar nach ca. 15 Minuten. Wir fragten, ob er uns ca. 15 Minuten zuvor erreichen wollte? Seine Antwort war: Ja, vor ca. 15 Minuten wollte ich euch anrufen, doch es kam ein Anruf dazwischen.

Das war also der Beweis, dass unsere Katze die Absicht des Anrufers in ihrem Bewusstsein registriert hatte, daraufhin innehielt und erst dann weiter an sich putzte, als der momentane Anruf missglückte. Zur Erklärung sei noch erwähnt, dass unsere Katze das Lautsprecher-Telefon nicht sonderlich mag und sich gewöhnlich während eines längeren Telefonates in ruhigere Gefilde zurückzieht.

Aus dieser kleinen Schilderung können wir unschwer erkennen, dass die Empfänglichkeit eines Tieres weit über unseren menschlichen Fähigkeiten liegt. Unsere Katze hatte uns auf etwas aufmerksam gemacht, das sich außerhalb unserer Wahrnehmung vollzog. Unsere Tiere scheinen Dinge und

Ereignisse und sogar unsere Gedanken zu erfassen und reagieren darauf. Wie sehr unterschätzen wir Menschen unsere Tiergeschwister!

Bei einem weiteren Gespräch unter uns Menschen war unsere Katze zugegen – was sich daraufhin ereignete, versetzte uns abermals in Erstaunen. Für sie war ein warmer Schlafplatz in einem Zimmer im ersten Stock eingerichtet worden, der ihr in den kühlen Herbst- und Wintertagen Wärme und Geborgenheit bringen sollte. Wir sprachen darüber, dass einer von ihren Menschengeschwistern unsere Katze in den nächsten Tagen in dieses Zimmer begleiten und ihr den schönen Schlafplatz zeigen sollte.
Es gab keine Gelegenheit, das auszuführen. Dennoch: Bereits am folgenden Tag lag unsere Katze genussvoll auf dem ihr zugedachten Platz. Sie hatte also aus unserem Gespräch, aus unseren Bildfolgen, entnommen, dass für sie ein gemütlicher Schlafplatz eingerichtet worden war. – Ist das Zufall oder Bewusstsein des Tieres?

Von unseren Tiergeschwistern durften wir Weiteres lernen:
Tiere sind ästhetische Lebewesen, die ihren Essplatz einigermaßen sauber halten wollen.

Gerade bei Haustieren kann man das beobachten. Unsere Tiergeschwister, z.B. Katzen oder Hunde, haben Namen und werden auch mit ihrem Namen angesprochen. Aus mehreren Begebenheiten haben wir Menschengeschwister gelernt, dass unsere Tiergeschwister, die mit uns leben, auch einen gedeckten Tisch haben wollen. Wir haben ihnen einen gedeckten Tisch eingerichtet, den sie gerne annahmen, z.B. eine kleine runde Holzscheibe, für Katzengeschwister ca. 20 cm hoch und etwa 40 cm im Durchmesser, für die Hundegeschwister natürlich je nach Größe des Hundes. Ihre Essgefäße sind aus Porzellan und werden jeden Tag gesäubert. Ihre kleineren und größeren Tische haben weiße kleine Tischdecken, die man wechselt, um sie zu waschen. Diese kleinen Handreichungen werden gerne angenommen.

Ein weiterer Tierfreund berichtet seine Erlebnisse mit einem heimatlosen Kätzchen:

Seit Monaten sahen wir immer wieder ein kleines Kätzchen auf den Feldern in der Nähe unseres Hauses. Es war äußerst scheu und sprang sofort wieder weg, wenn man sich ihm näherte. Weil es ganz schwarz ist mit weißen Pfötchen an allen vier Beinen, haben wir es spontan „Samtpfötchen" genannt.

Jedes Mal, wenn ich die kleine Katze kurz zu Gesicht bekam, habe ich mich im Inneren mit ihr verbunden und auch immer ruhig mit ihr gesprochen. Nach einiger Zeit hatte sie offenbar ein klein wenig Vertrauen zu mir gefasst, denn sie begann tatsächlich, bei mir zu Hause durch die Katzenklappe in die Wohnung hereinzuschauen! Ich verhielt mich ganz, ganz ruhig, und sie wagte sich sogar bis zum Essensplatz unserer anderen Katzengeschwister vor. So ging das ungefähr drei oder vier Wochen lang. Immer wieder sprach ich mit ihr, ganz ruhig – aber sobald ich mich bewegte, verschwand sie blitzschnell.

Eines Tages wurde meine Geduld belohnt: Als ich abends aus dem Badezimmer kam, stand Samtpfötchen mitten im Zimmer direkt vor mir! Als ich wieder ruhig mit ihr sprach und dabei ganz vorsichtig in die Hocke ging, maunzte und miaute sie – sie hat regelrecht geantwortet. Ich bereitete ihr dann ein Schälchen zu essen und sprach dabei weiter zu ihr. Dann kam sie zum ersten Mal ganz nah zu mir und nahm das Schälchen aus meiner Hand an.

Da wusste ich: Jetzt ist das Eis gebrochen, jetzt hat sie Vertrauen gefasst, und wir haben Freundschaft geschlossen.

Am nächsten Abend wartete ich schon auf sie, und da ließ sie sich zum ersten Mal streicheln. Inzwischen kann sie gar nicht genug „Streicheleinheiten" bekommen. Sie lag auch schon mal eine halbe Stunde auf meinem Schoß, allerdings immer mit dem Ausgang, also dem „Fluchtweg", im Auge. Aber es ist jetzt nur noch eine Frage der Zeit, bis sie immer länger bleibt und sich schließlich ganz bei uns zu Hause fühlt.

Tiere wollen sich verständlich machen – sie haben ihre „Sprache".

Tiere geben häufig Zeichen, um sich uns Menschen kundzutun; sie wollen sich verständlich machen. Die oftmals unterschiedlichen Laute sind – zusammengefügt als Ton und Klang – ihre Sprache, mit der sie sich mitteilen. Dazu gehört auch ihre Gestik. All ihre Verhaltensweisen können Botschaften sein, auch an uns Menschen.

Haben wir Menschen gelernt, die negativen Inhalte in unseren fünf Komponenten, also in unseren Verhaltensweisen weitgehend zu beheben und uns mehr und mehr zu fragen, was des All-Einen Wille ist, dann beginnen wir allmählich zu verstehen, was uns z.B. Tiere übermitteln wollen. Daraus ergibt sich aber auch, dass wir mit der Zeit unsere Mitmenschen verstehen lernen, denn, wie schon berichtet: Worte sind Schalen, die Inhalte haben.

Durch Bewusstseinserweiterung wird der Mensch demütiger und sensitiver und beginnt, vor dem Leben in allem Achtung zu gewinnen, weil er sich den Geboten Gottes und den Lehren des Jesus von Nazareth zuwendet. Erst dann werden wir mit Tieren, ja mit allen Lebensformen, auch Pflanzen – wie wir Menschen sagen – „Wunder" erleben, die aber letztlich keine Wunder sind, sondern das Wort unserer Mitgeschöpfe – der Tiere, aber auch der Pflanzen- und Mineralkollektive –, das wir dann in uns erleben, auch in Bildern, das Wort des All-Gesetzes.

Sollten Sie von einem Tier, ob groß oder klein, auf Ihr Denken oder Handeln hin einen entsprechenden „Verweis" erhalten, eventuell körperlicher Art, dann entrüsten Sie sich nicht, sondern schauen Sie in Ihre persönlichen Gedanken und Worte! Schauen Sie in die Bildfolgen aus Ihrem Lebensfilm hinein! Eventuell hilft Ihnen der körperliche Verweis des Tieres, sich selbst in den Bildfolgen Ihres Lebensfilms zu finden, warum das Tiergeschwister so ungehalten reagierte.

Einige Aussagen über die Tiere
von „großen Geistern"

Wer lernt, zu fühlen und zu verstehen, der versteht auch, was „große Geister" sagen, wenn es um die Tierwelt geht:

„Kein Getier gibt es auf der Erde, keinen Vogel, der mit seinen zwei Schwingen dahinfliegt, die nicht Gemeinschaften wären gleich euch. Alle Geschöpfe Allahs sind Seine Familie." (Mohammed)

„Wer dem Töten des Tieres zustimmt, wer es schlachtet, wer es tötet, wer es als Fleisch kauft oder verkauft, wer es zubereitet, darbietet oder isst: Sie alle sind Töter."

„Du sollst deinen von Gott gegebenen Körper nicht zum Töten von Gottes Geschöpfen gebrauchen – weder Mensch noch Tier, noch irgendein anderes Wesen."

„Fleisch erlangt man weder aus Gras noch aus Holz oder aus Stein, sondern nur durch die Tötung eines Lebewesens, und deshalb bedeutet sein Verzehr ein Vergehen." (Aus altindischen Gesetzesschriften)

„Wehe dem Schlauen, der die Geschöpfe Gottes verwundet! Wehe den Jägern! Denn sie sollen selbst gejagt werden." (Jesus von Nazareth)

„Wahrlich, Ich sage euch, darum Bin Ich in die Welt gekommen, dass Ich abschaffe alle Blutopfer und das Essen des Fleisches der Tiere und Vögel, die von den Menschen geschlachtet werden." (Jesus von Nazareth)

*Beim Spaziergang in Wald und Flur sucht
der Mensch Erholung – und betritt dabei
die Wohnstätten seiner Mitgeschöpfe.*

Selten denkt der Spaziergänger, der Wald und Flur aufsucht, darüber nach, dass er mit all seinen Gedanken, Wünschen und der Gleichgültigkeit den Tieren und Pflanzen gegenüber deren Wohnbereiche betritt. Pflanzen, Blumen, Kräuter, Gräser, Sträucher und Bäume sind Lebewesen, denen, ähnlich wie dem Menschen, der Lebens-Odem des All-Einen zuströmt.

Das Wissen, dass der Mensch mit unterschiedlichen Motivationen und Motiven in die Wohnstätten seiner Tiergeschwister und in die Aufenthaltsorte vieler Pflanzenarten buchstäblich eindringt, ist für viele Menschen eine ganz neue Sichtweise.

Unter Umständen lässt das so manchen Spaziergänger aufhorchen, der Wald und Flur betritt, dem meist nicht bewusst ist, dass er sich ähnlich verhalten sollte, wie man es bei einem Besuch von Gästen in der eigenen Wohnung oder im eigenen Haus erwartet. Es ist eine Selbstverständlichkeit, dass ein Besucher, der des anderen Wohnung oder Haus betritt, Rücksicht auf dessen Eigentum nimmt.

Wie verhalten wir Menschen uns in Bezug auf die Wohnbereiche und Wohnstätten der Tiere und Pflanzenwesen? Was nehmen wir bei unserem Spaziergang in Wald und Flur mit?

Viele Spaziergänger suchen die Ruhe des Waldes auf, um eventuell dem aufgewühlten Gemüt Erholung und Beruhigung zukommen zu lassen. Doch kann unser Spaziergang eine Erholung sein, wenn wir, trotz guter Vorsätze, mit vielen Gedanken in den Wald und über die Fluren gehen, womöglich mit unseren Mitspaziergängern diskutieren, lautstark lachen, viel Lautes reden und entsprechend gestikulieren, um uns auf diese Art und Weise vom Alltagsstress abzulenken? Erholung kann dies nicht sein, es ist Ablenkung.
Ohne Zweifel: Der Wald spendet Ruhe. Die Felder liegen in Frieden da. Der Spaziergänger mit seinem gegebenenfalls ungezügelten Gehabe ist offensichtlich ein Störenfried, der in die Wohnbereiche von Lebewesen eindringt und dort die Bewohner von Wald und Feld in Angst und Schrecken versetzt. Wenn daraufhin die Tiere die Flucht ergreifen, dann wundert sich manch einer. Nicht der Wind oder der Regen haben die Tiere aufgeschreckt und aus ihrer Unterkunft vertrieben, sondern das ungezügelte Gehabe des Menschen.

Auch Pflanzenwesen, die standortbezogen sind, die vor den Menschen nicht fliehen können, zittern vor der geballten Flut von menschlichen Gedanken und vor dem lauten Gerede, auch vor deren Verhaltensweisen.

Sollten Sie von diesem kurzen Bericht, dass Tiere und Pflanzen auch ein gewisses Recht auf Ruhe haben, nicht überzeugt sein, dann denken Sie an Ihr persönliches Zuhause. Was würden Sie sagen, wenn Ihr Besuch Ihre Wohnung oder Ihr Haus betritt und Sie sofort mit seinen aufgestauten Verhaltensmustern überfällt, überlaut lacht, mit schriller Stimme erzählt und kaum ein Ende findet?

Manch einer denkt: Der Vergleich mit den Wohn- bereichen der Tier- und Pflanzenarten und unse- rem persönlichen Zuhause hinkt, denn es geht hier bloß um die Tier- und Pflanzenwelt. – Täu- schen Sie sich nicht. Tiere und Pflanzen sind um vieles sensitiver als ein Mensch, der nur sich selbst als das Maß aller Dinge sieht.
Erinnern wir uns an die Worte des Jesus von Na- zareth; Er riet uns Folgendes, das natürlich auch hinsichtlich der Tier- und Pflanzenwelt gilt, denn das ewige Gesetz ist die All-Einheit, die das Ge- meinschaftsleben von Mensch, Tier, Natur und

Mineral wäre. Jesus lehrte uns, und das mit den heute geläufigen Worten wiedergegeben: *„Was du nicht willst, dass man dir tu', das füg' auch keinem anderen zu."*

Eine andere Version, um zum Nachdenken anzuregen: Unmittelbar vor Ihrem Haus versammeln sich Motorradfahrer, die erst den Motor abstellen und nach einiger Zeit wieder anwerfen, um anschließend mit Vollgas loszubrausen, und das jeden Tag mehrmals.

Sollten diese Vergleiche und insbesondere die Worte Jesu uns Menschen nicht nachdenklich stimmen, dann könnten wir uns eine Großstadt vorstellen, zunächst ohne Fahrzeuge und Straßenbahnen, also nur mit Menschen – und Sie, wir, mitten in diesem Gewirr von lautem Gerede und Gelächter, also mitten im Lärm der Straßenpassanten, der in Ihren Ohren dröhnt. Jetzt kommen noch die lauten Geräusche vieler Fahrzeuge hinzu. Das Ganze ist dann nur noch ein Krawall, ein Gepolter, Gelächter, Geschrei und Geschwätz. Für viele Menschen ist das ein Lärm, ein Tumult, dem man gerne entflieht. Doch das ist eben die Stadt der Menschen!

Wenn wir dieses tumultartige Verhalten auf Wald und Flur übertragen – also auf die Wohnbereiche unserer Tiergeschwister – wenn also in Wald und Feld dasselbe ungezügelte, chaotische Treiben herrschen würde, dann würde manch einer seufzen und sagen: „Durch diesen Wald, über dieses Feld gehe ich nicht mehr; das ist keine Erholung!"

Trotz dieser verschiedenen Vergleiche könnten Sie nun anführen, dass diese überzogen und nicht angemessen seien, denn der Wald und die Fluren sind nicht die Großstadt; deshalb entflieht ja manch einer der Großstadt, um eben in Wald und Flur Frieden und Erholung zu finden.

Wie verhalten sich dort viele Spaziergänger? In vielen Fällen ähnlich wie in einer Großstadt. Was trägt der Spaziergänger, der mit geringer Selbstbesinnung durch den Wald und über die Fluren geht, in die Wohnbereiche der Tiere und der Pflanzenwelt hinein?

Auch die Pflanzenwelt gibt Signale hinsichtlich der Verhaltensmuster der Menschen.

Tiere flüchten, Pflanzen erzittern –
was will uns das sagen?

Was will uns Menschen das sagen, wenn die Tiere aus Angst fluchtartig das Weite suchen und die Pflanzen zittern vor dem ruhelosen Gebaren und Gehabe, eventuell sogar vor der Motivation des Spaziergängers, der durch Wälder und Felder streift und unbedacht über Wiesen und Felder geht und dabei unzählige Pflanzenarten niedertritt? Für den Spaziergänger ist es ganz normal, den Wanderweg zu verlassen, wobei unbeachtet so manches Pflänzchen nicht mehr zur blühenden Vollendung gelangt. Oder die Blume wird gepflückt, bevor sie sich ganz entfaltet hat. Nicht selten wird dabei der Wurzelballen mit ausgerissen, dann, wenn die einzelne Blume oder Rispe nicht mühelos abzubrechen war. Der herausgerissene Wurzelballen wird dann achtlos in die Wiese oder auf das Feld geworfen.

Die Tiere finden in ihrem Zuhause, also in Wald und Flur, niemals wirklich Ruhe; nie sind sie sicher, denn: Hat der lautstarke Spaziergänger den Weg nach Hause angetreten, dann schleicht bei Dämmerung der Jäger in den Wald, lauert dem Wild auf, bis es vor seine Flinte kommt, um es dann zu erlegen, gleich niederzuknallen.

Tiere haben feine Sensoren, feine Antennen. Sie merken sehr rasch, wenn sich Fremdes bewegt. Tiere fliehen nicht, bevor sie sich ein Bild, gleich Schnupperbild von der Lage und Situation gemacht haben, um zu ergründen, woher z.B. das fremdartige Geräusch kommt. Hat sich ihr Bild aufgebaut, dann laufen oder gehen sie den Weg, der vom Bild ausgehend ihnen übermittelt wird. In vielen Fällen nützt das z.B. der Jäger aus, um es hinterhältig zu erlegen. Oder das Tier wittert Gefahr und ergreift in seiner Panik die Flucht, ohne sich über ein Geruchs-, gleich Schnupperbild orientieren zu können. Dabei läuft es oftmals auf die Gefahr zu, vor die Flinte des Jägers, der ihm nach „waidmannsgerechter" Art einen Schuss aus seiner Flinte verpasst. Ob das Tier tot ist oder nicht, für die Jäger ist es auf alle Fälle „waidmannsgerecht".

Sollte das alles für manchen Spaziergänger als ganz normal angesehen werden, dann machen Sie sich folgendes Bild: Wenn Sie kurz vor dem Einschlafen sind, schreckt Sie ein Riesenknall auf, der aus dem nahegelegenen Wald kommt, wo ein Jäger eines unserer Tiergeschwister aus der großen Gemeinschaft der Familie des Schöpfergottes herausgeschossen, also erlegt hat. Unter

Umständen ist es „nur" angeschossen, also verwundet, und irrt stunden-, gar tagelang mit unsäglichen Schmerzen umher, bis es elendiglich verendet. Das Tier, z.B. eine Rehmutter oder eine Wildschweinbache, hinterließ eventuell Junge, die nun ebenfalls eines qualvollen Todes sterben, weil sie ohne ihre Mutter verhungern und verdursten müssen.

Wie nennt man das? Hege und Pflege? Für viele Menschen ist das normal, weil sie an die Weisungen kirchlicher Doktrin glauben, dass Tiere gefühlsarm wären und keine unsterbliche Seele hätten.

Sollten Sie durch die verschiedenen Darlegungen sensibler geworden sein und dies und vieles mehr vor Ihrem Wald- und Flurspaziergang überdenken, dann verstehen Sie so manches Tier, wenn es das aufgestaute Gemüt eines erregten Menschen erschnuppert und entsprechend reagiert.

Sollten Sie bei Ihrem Spaziergang ein Tier sehen – und sei es mit dem Fernglas –, dem Sie kurz in seine Augen blicken können, und wenn es Ihnen dabei möglich ist, das Verhalten des Tieres wahrzunehmen, dann erfassen Sie dessen Situation und erahnen, warum es vor vielen Menschen die Flucht ergreift.

Es ist ein trauriger Zustand, dass Tiere vor Angst und Schrecken die Menschen meiden, wo doch in ihren geistigen Anlagen die Einheit lebendig ist zwischen Mensch, Tier, Pflanze, Mineral, der Mutter Erde, in dem Gesamtbild des Alls.

Tiere wollen mit den Menschen sein, die sie schützen und bewahren sollen, denn wir Menschen sind ihre großen Geschwister.

Wie verhält sich der Mensch den schutzlosen Tieren gegenüber? Er jagt sie im Wald und auf dem Feld, tötet hinterhältig das wehrlose Geschöpf. Er quält die Tiere auf die brutalste Art und Weise und schlachtet sie hin oder lässt sie töten. Das ist grausamer, widernatürlicher Tod, es ist Mord an unseren Übernächsten, den Tieren, an unseren Tiergeschwistern.

Wie gesagt: Tiere möchten zu den Menschen aufblicken, möchten mit ihnen leben, möchten ihre Freunde sein – wollen allerdings von Menschen nicht abgerichtet werden, wollen nicht zweckdienlich sein und nicht zur persönlichen Unterhaltung dienen. Sie wollen auch keine sogenannten Nutztiere sein; sie wollen von Menschen nicht ausschließlich als nützlich und dienstbar „verwendet werden", sondern mit ihrer Kraft den Menschen helfen und dienen.

Tiere haben Bewusstsein und ebenso die Pflanzen, die Bäume und Sträucher, die Blumenarten, so auch die Steine, die Mineralien, denn alles lebt, und was lebt, atmet den Odem des All-Einen.

Wir lernen und üben, um uns bewusst zu werden, welch wertvolle Geschöpfe unter uns leben. Wir üben uns in der Betrachtung unserer Tier-Mitgeschöpfe ein.

Konnten Sie bei Ihrem Spaziergang aus der Ferne ein Tier betrachten, das Sie noch nicht gewittert, also noch nicht erschnuppert und registriert hat, dann lassen Sie sein Wesen in Ihrem Gemüt wirksam werden.

Stimmen Sie sich auf Ruhe ein.
Atmen Sie einige Male tief ein und aus.
Wenn möglich, schließen Sie kurz die Augen, und nehmen Sie das Tier mit Ihrem Atem in Ihren Körperrhythmus auf.
Das heißt: Sie atmen ein und nehmen das Bild des Tieres mit in Ihr Inneres auf.
Lassen Sie das Bild des Tieres ohne Erwartungshaltung und in Demut vor dem Leben auf sich wirken.

Mit der Zeit werden Sie erleben, dass das Tier aus seinem göttlichen Bewusstseinsstand Ihnen Frieden, Einheit und Gemeinschaftssinn zustrahlt, was nicht von dieser Welt sein kann.

Üben Sie sich in die Betrachtung Ihrer Tier-Mitgeschöpfe ein, aber auch in die Pflanzenbetrachtung, worüber Sie noch lesen werden. Durch diese Übungen, durch das Stille-Werden, das bewusste Abschalten von unwesentlichen Gefühlen und Gedanken, um in den Wohnbereichen unserer Mitgeschöpfe gegenwärtig zu sein, werden Sie bald merken, dass Sie sensitiver werden und mit der Zeit ein Mitgefühl bekommen für das, was um Sie ist. Und wenn Sie öfter Ihre Mitgeschwister, die Tiere, in Wald und Flur aufsuchen – allerdings mit der Wertschätzung, die auch unseren Übernächsten, den Tiergeschwistern, und allem, was Leben trägt, gebührt –, dann erfassen Sie sehr bald, was tatsächlich Leben in der wahren Einheit bedeutet.

Tiere lieben den Frieden und die Freiheit. Ihr geistiger Sinn beruht auf Einheit und Gemeinschaft. Sie wollen deshalb auch mit ihren großen Geschwistern sein, den Menschen.

Sie spüren sehr wohl, wenn Menschen lernen, sie zu verstehen, in Demut und Achtung vor dem redenden All-Einen.

Die Sinneswahrnehmung ist
für die Bewusstseinsentfaltung
von Bedeutung.

Wir schulen uns. Eine große Hilfe zur rechten Bewusstseinsentfaltung ist der ausgewogene, ruhige Spaziergang durch den Wald, vorbei an Wiesen und Feldern. Behutsam sind unsere Schritte, denn wir lernen, zu hören und zu lauschen, wobei „hören" und „lauschen" zwei ganz unterschiedliche Gewichtungen in den Wahrnehmungsaspekten haben.

Das Hören ist eine gewisse äußere Wahrnehmung, das Lauschen hingegen ein inneres Erfühlen, ein inneres Kommenlassen dessen, was wir hören. Durch Üben und durch Selbstbesinnung erleben wir mit der Zeit eine für den Menschen kaum definierbare Verbindung.

Durch Lernen und Üben erlangt man die Meisterschaft.

Bei unserem bewussten Spaziergang erfassen wir, dass uns die Natur Ruhe spenden möchte. Wir erfassen und erleben auch, dass alles Klang, Farbe und Form hat. Wir hören die Tonarten des Windes, der beim Herbst- und Winterspaziergang kalt sein kann. Im Frühling zeigt er sich als laues Lüftchen, unter Umständen mit lieblicheren Tönen, die den warmen Sommerwind ankündigen. Hin und wieder offenbart sich der Wind auch als Sturm, der einem Trommelwirbel gleicht.

Wir hören das Plätschern eines Baches, das Zwitschern der Vögel und da und dort einen Tierlaut aus dem Wald.

Die innersten Klänge, Bewusstseinsaspekte des Lebens, nehmen wir selten wahr, weil wir den Unterschied zwischen Hören und Lauschen noch nicht gelernt haben, denn die Unterschiede zwischen diesen beiden Wahrnehmungen können gravierend sein. – Doch: Wir lernen!

Liebe Mitmenschen, das, was wir hören, also mit den Ohren vernehmen, ist das Äußere, das zu den dreidimensionalen Frequenzen gehört. Hingegen heißt Lauschen, mit den äußeren Ohren wohl zu hören, doch das Gehörte mit unserer Atmung, dem Einatmen, nach innen auf unseren persönlichen Klangkörper zu legen. Mit dem Lauschen ist nicht das neugierige Erhorchen gemeint.

Wenn Sie eine Orientierung brauchen, dann konzentrieren Sie sich auf Ihr zentrales Nervensystem. Wir versuchen umzuschalten vom Hören zum Lauschen, zur Wahrnehmung. Das Gleiche gilt für das Sehen und Schauen.

„Umschalten" heißt immer, erst einmal ruhiger werden, eventuell durch tiefes Atmen, bis sich unsere Gedankenwelt beruhigt hat, um das, was wir sahen, in uns aufzunehmen. Das ruhiger werdende Nervensystem zeigt es auf.

Das, was wir hören und sehen, ist für uns Menschen die äußere Sinneswahrnehmung. Lassen wir jedoch die tiefere Wahrnehmung des Schauens und des Lauschens zusammenfließen, was besagt, diese mit der Atmung in uns, in unseren Körper hineinzunehmen, um allmählich zu erspüren, dass sich ein stimulierendes Gefühl bemerkbar macht, das unseren Körperrhythmus verändert und uns Ruhe vermittelt. Daraus entwickeln sich einige Glücksmomente, die nicht von dieser Welt sind. Das könnten Aspekte innerer Wahrnehmung sein.

Alles beruht auf Übung und Selbstdisziplin, auch im Alltag, in der Kontrolle unserer fünf Sinne.
Versuchen wir, Hören, Lauschen, Sehen und Schauen in Übereinstimmung zu bringen, dann werden wir mit der Zeit sensitiver für die Wahrnehmung des Lebens. Dabei werden wir von Mal zu Mal ruhiger und unsere Wahrnehmungssensoren feiner. Daraus entwickelt sich das Verstehen, dass wir

Menschen im Urgrund unserer Seele kosmische Wesen sind aus der Großfamilie Gottes, in der die All-Intelligenz wirkt und sich offenbart.

Lernen wir jeden Tag mehr, der Tier- und Pflanzenwelt Achtung zukommen zu lassen, dann erfassen wir allmählich, dass der All-Eine, der redende Schöpfergott, der Lebensgeber und Lebenserhalter, in allem und in allen ist, im Kleinsten und in der Unendlichkeit.

Lassen wir Herz und Verstand von der folgenden schlichten Aussage erfassen:
Im Kleinsten ist die Unendlichkeit, und in der Unendlichkeit ist das Kleinste.
Gott, der Schöpfer des Lebens, ist die All-Liebe. Seine Liebe ist die All-Demut, die allem Leben gleichermaßen gilt und zuteil wird.

Gemeinsam erleben wir einen virtuellen Spaziergang!

*Bei einem virtuellen Spaziergang lässt sich
so manches leichter und tiefer ergründen.
Wir lernen und üben.*

Wir unternehmen nun einen virtuellen Spaziergang durch Wälder und Felder. Bildhaft gehen wir tief in den Wald hinein und machen uns bewusst: Alles ist beseeltes, gegenwärtiges Leben und in uns als Essenz gegenwärtig.

Wenn es uns noch schwer fällt, zu erfassen, dass alles Einheit ist, denken wir daran: Nur durch Lernen kann man die Meisterschaft erlangen, und noch ist kein Meister vom Himmel gefallen!

Allerdings hat sich einst *ein* göttliches Wesen aus der ewigen Heimat, aus den Himmeln, entfernt. Es distanzierte sich von der All-Kompetenz des ewigen Vater-Mutter-Gottes und ging eigene Wege. Es belastete sich und zog weitere geistige Wesen mit sich, bis hin zur Menschwerdung. Doch irgendwann werden wir, jeder Einzelne, entweder als Mensch oder als Seele, den Weg zurückgehen und uns Schritt für Schritt mehr auf unsere geistige Herkunft besinnen und den Heimweg ins

Vaterhaus, in die ewige Heimat, antreten. Warum abwarten? – Warum nicht als Mensch, jetzt und heute?!

Alles trägt in sich die Melodien des Alls,
alles gehört zur All-Symphonie.
Wir nehmen den Klangkörper eines Vogels
in uns auf.

Unsere virtuellen Spaziergänge könnten wir z.B. auf einer Bank im Freien oder an einem geöffneten Fenster erleben oder bei der Betrachtung eines Naturbildes. Das Reine, Feine, Edle, Gute, die Liebe zu allem Sein ist immer bereit, uns über den Wesenskern im Urgrund unserer Seele zu geben. Der Ewige All-Eine gibt, und wir dürfen empfangen. Auf ähnliche Art und Weise empfängt die Pflanzen- und Mineralwelt. Alle Lebewesen und Lebensformen sind, je nach Bewusstseinsstand, belebt vom All-Einen.
Gerade bei unserem virtuellen Spaziergang erspüren wir einen Hauch von dem, was All-Einheit bedeuten kann.
Immer wieder hören und lesen wir, dass es an uns, an unserem persönlichen Verhalten liegt, dem Leben, das Einheit ist, näherzukommen.

Lernen wir, unsere Gedanken und unsere Sinne zu durchforsten, um das zu beheben, was uns abhält, die All-Einheit, das All-Leben, in uns werden zu lassen – das Laute, das Schrille, das Egozentrische, alles in allem die Selbstverherrlichung.

Alles, aber auch alles will uns etwas sagen – das Tier, die Pflanze, das Mineral, sogar der Wassertropfen, das Plätschern eines Baches, das Rauschen eines Baumes, der Wind, der unsere Haare zerzaust – alles, aber auch alles, beinhaltet das All, und der All-Eine ist immer gegenwärtig. Jedes Pflänzchen, jede Blume, der Grashalm, das Kräutlein, die Heilpflanze – alles, was oftmals so unscheinbar am Wegesrand steht – trägt als Anlage den Wesenskern und steht mit dem All-Einen in Kommunikation.

Alles, einschließlich der Elemente, trägt in sich die Melodien des Alls, denn alles beinhaltet das Leben, das der All-Eine Ewige All-Geist ist, Den wir im Abendland „Gott" nennen.

Die virtuellen Spaziergänge bringen uns Lernschritte, die auf die innere Wahrnehmung bezogen sind, auf das Bild, den Ton, die Farbe und den Klang.

Wir lernen, zu hören und in uns zu lauschen. Zum Beispiel hören wir das Zwitschern eines Vogels und halten kurz inne.

Wir atmen einige Male kräftig ein und aus und verhalten uns ganz ruhig.

Wer möchte, kann seine Augen schließen, um sich besser konzentrieren zu können. Das Zwitschern des Vogels, sein Bewusstseinsstand, ist Melodie, die einbezogen ist in das Klangvolumen des Alls.

Wir versuchen, den Klangkörper des Vogels in uns, in unseren Körper, der ebenfalls Klang ist, aufzunehmen, denn alles ist Energie, und alles hat seinen spezifischen Klang. Wir atmen weiterhin ruhig und tief und bemühen uns, von unseren Gedanken Abstand zu gewinnen.

Wir sind ruhiger geworden. Das Hören auf das kleine Vögelchen verändert sich, es wird zum Lauschen.

Der melodische Klang des kleinen Vogelwesens schwingt in unseren physischen Körper ein. Dabei beginnt unser Körper, leicht zu vibrieren. Das heißt, unser Klangkörper schwingt höher. Wir merken, dass sich in uns eine Frequenz aufbaut, die stimmige Gefühle aufkommen lässt, die eine gewisse Ausgewogenheit übermittelt.

Könnte dies der Klangkörper des Vogelwesens sein?

Wir erfahren: Wenn unser Körper höher schwingt, dann können wir eine ätherische Resonanz in uns erleben.

Sollte es nicht gleich gelingen, dann bitte nicht enttäuscht sein. Durch Lernen und Üben erleben wir, dass alles auf „Senden und Empfangen" beruht. Der virtuelle Spaziergang ist jetzt unser Übungsfeld.
Wir üben und lernen: Wir sind bemüht, nicht zu denken. Wir haben gelernt, dass alles auf „Senden und Empfangen" beruht.

Noch einmal dieselbe Übung:
Ein Vogel singt; er sendet – wir gehen auf Empfang und nehmen den Klangkörper des kleinen Wesens in uns auf. Dieses Mal ziehen wir den melodischen Klangkörper zu uns heran und lassen ihn mit einem tiefen Atemzug in unseren physischen Körper einschwingen. Dabei beginnt unser Nervensystem leicht zu vibrieren.
Jeder von uns Menschen reagiert anders. Der eine spürt eine andere Körperfrequenz im gesamten Körpervolumen, ein anderer erlebt die ätherische Energie des kleinen Vogelwesens im zentralen Nervensystem, speziell im Sonnengeflecht. Das, was in uns anschwingt, ist ein wohltuendes Gefühl,

eine Leichtigkeit und Freiheit. Es ist das ätherische Leben, es ist der kleine, unbelastete ätherische Körper des kleinen Tierleins, des Vogelwesens.

Bleiben Sie konzentriert, und lauschen Sie in Ihren Körper hinein: Das kleine Vogelwesen möchte mit Ihnen, mit uns, in Verbindung treten, in dem Bewusstsein: „Verbinde und sei eins mit mir!"

Denken Sie daran: Selbsterkenntnis und Übung führen zur Sensitivität.
Durch weitere Übungen mit anderen Tieren – z.B. auch mit Ihren Haustieren – werden Sie mit der Zeit die Erfahrung machen, dass die Klangkörper der einzelnen Lebewesen in Ihnen, in Ihrem Nervensystem oder in Ihrem Körpervolumen, eine ganz unterschiedliche Resonanz vermitteln. Haben Sie gelernt, in Ihrem Körper den anderen Körper zu erspüren und haben Sie die unterschiedlichen melodischen Frequenzen wahrgenommen, dann vernahmen Sie einen Hauch der unendlichen ätherischen All-Klänge, einen Hauch der All-Symphonie, die All-Harmonie ist.
Haben Sie einige innere Erfahrungen gemacht, was es heißt, zu sehen, zu schauen, zu hören, zu lauschen, dann werden Sie mit der Zeit erspüren, dass der Klangkörper jedes Lebewesens anders

klingt. Es sind, wie gesagt, die Klänge der jeweiligen Bewusstseinsentfaltung.

Durch das Lernen an sich selbst und durch die Übungen wird Ihre Wahrnehmung differenzierter, auch in Bezug auf das, was sich in Ihren lichteren Gedanken aufbaut. Es entfaltet sich das Leben, das All-Einheit ist, der Klang und das Sein eines jeden Tieres, der Pflanze und des Minerals, denn alles hat seine Bewusstseinsfrequenz, also sein Klangvolumen, das sich auch in Farbe und Form Ausdruck verleiht.

Durch mehrfaches Üben mit unseren Übernächsten, den Tiergeschwistern, aber auch mit allen anderen Lebensformen, ändert sich allmählich unsere Einstellung zum Leben. Wahres Leben ist eine unendliche Fülle.

Für den aufmerksamen virtuellen Spaziergänger können solche und ähnliche Übungen zu einem erfahrungsreichen Schatz werden, in der Lebendigkeit und der Bewusstheit, dass alles lebt und alles, aber auch alles Reine in der All-Einheit schwingt.

Beachten wir auch, dass jede Sonne, jeder Planet im Ewigen Sein sowie alle Kräfte der feinerstofflichen Planeten und der Gestirne des materiellen Kosmos zur All-Symphonie gehören.

Inwieweit ist unser Klangkörper lichter
und heller geworden?
Unser virtueller Spaziergang führt uns
zu einer Waldlichtung –
wir nehmen den Klangkörper eines
weiteren Tieres in uns auf.

Im Bewusstsein der All-Einheit setzen wir unseren virtuellen Spaziergang fort. Einerlei, wo wir uns befinden – es gibt viele, sehr viele Anlässe, uns immer wieder zu hinterfragen, inwieweit unser Klangkörper lichter und heller geworden ist, um das allgegenwärtige Leben in uns zu erfassen und zu erspüren.

Während unseres virtuellen Spaziergangs sollten wir uns immer wieder dahingehend prüfen, wo wir uns mit unseren Gedanken gerade befinden, ob wir gedanklich beim virtuellen Spaziergang sind, denn das ist von Bedeutung, um zu lernen, was „Senden und Empfangen" bedeutet.

Einerlei, auf welchem Kontinent wir leben, überall ist das Leben gegenwärtig im Urgrund der Seele jedes Menschen, auch in den Tieren aus Gottes Odem, auf, über und in der Erde, in den Gewässern und Meeren.

Nun setzen wir unseren virtuellen Spaziergang fort. Er führt uns zu einer Waldlichtung.

Am Waldrand äst ein Tier, ein anderes trinkt Wasser an dem vorbeifließenden Bach. Die Tiere haben uns, den Menschen, noch nicht wahrgenommen. Wir verhalten uns ruhig, um den ätherischen Klangkörper eines der beiden Tiere aufzunehmen.

Virtuell stehen wir am Waldrand. Wir „sortieren uns", was besagt: Wir versuchen, die eventuell noch bestehenden Gedanken abzuschalten und uns so weit leer zu machen, also aufmerksam zu sein, wie es nur möglich ist.

Ähnlich wie zuvor beim Vogelwesen, nehmen wir virtuell das Bild eines der Tiere in uns auf. Dabei hilft es uns, wieder kurzzeitig die Augen zu schließen und einige Male tief ein- und auszuatmen.

Beim Einatmen nehmen wir nun ein Tier als Bild in uns auf, das sich ganz allmählich als ätherischer Klang in uns aufbauen möchte.

Wir lauschen in unseren physischen Körper hinein, um das Fluidum des Tieres, seinen Klangkörper, in uns wahrzunehmen.

Im zentralen Nervensystem, insbesondere im sogenannten Sonnengeflecht, baut sich eine gewisse

Energie auf, die uns „stimmig" macht, die in uns eine – bisher nie beachtete – positive Resonanz auslöst.
Es könnte das ätherische Fluidum, der Klangkörper des Tieres sein.

Bleiben Sie ruhig. Denken Sie nicht, lassen Sie Ihre Gefühle kommen, und Sie merken:
Es klingt, es schwingt, es ist etwas gegenwärtig, das Ihnen Harmonie und Freude übermittelt.
Lassen Sie das zu. Sollte es noch nicht anschwingen, dann denken Sie daran: Aller Anfang ist schwer.

Mit der Zeit werden Sie bemerken, dass höhere Schwingungen Sie freudig und harmonisch stimmen, Ihnen einen Hauch einer anderen Seite Ihres Lebens vermitteln, der Sie ahnen lässt: Alles, aber auch alles, ist Klang, Farbe, Form und Duft.

Wer immer mehr lernt, was Sehen und Schauen, Hören und Lauschen im persönlichen Klangkörper bewirkt, und wer bejahen kann, dass alles lebt, dass alles sendet, der wird mehr und mehr verstehen, dass sich das wahre kosmische Leben in allen und in allem mitteilt – es ist der redende All-Eine.

Bei unseren virtuellen Spaziergängen werden wir die Beobachtung machen, dass wir dann, wenn wir die Augen schließen, uns selbst näher kommen, und wenn wir die Augen öffnen, sofort wieder zu denken beginnen, weil wir dies und jenes wahrnehmen, das uns von dem, was uns augenblicklich ein Anliegen ist, ablenkt. Auch das wäre kein Zufall, denn über unser Sehorgan könnte eine Botschaft bei uns ankommen.

Eventuell könnte die Botschaft heißen: Nütze den Tag! Sei in Gedanken nicht sprunghaft, und was du tust, das tue ganz, und lerne, deine Sinne unter Kontrolle zu bekommen, dann werden sich auch die Gefühle und das Empfinden richtungsweisend ändern.

Wir lernen und üben. Höhere Ethik und Moral können nur durch Selbsterkenntnis und Selbstfindung erlangt werden, indem man das nicht mehr tut, was man bisher als normal angesehen hat, z.B. Unethisches und oftmals Unmoralisches nachahmte, das andere mit Nonchalance vormachten.

Ohne rechtes, gewissenhaftes Lernen an uns selbst sind wir oft wie Getriebene, die ohne Selbstbesinnung das Gewissen auf der Strecke der Alltagshetze lassen und unter Umständen andere noch darauf herumtreten lassen. Das macht nicht nur abhängig, sondern auch unfrei.

Deshalb lernen und üben wir, höhere Werte zu erlangen, die wahrhaft frei machen. Auf diese Weise erleben wir unseren Tag und unsere Mußestunden, die zum Gewinn werden.

Außerdem erleben wir, was wahres Leben, das die All-Einheit ist, bedeutet. ✗

Wir nehmen die Lebensform einer Blume in unseren Klangkörper auf.

Nun setzen wir unseren virtuellen Spaziergang fort.

Virtuell treten wir aus dem Wald heraus und sehen vor uns eine Blumenwiese, in der auch viele Kräuter – unter anderem Heilkräuter – ihr Zuhause haben.

Wir betrachten die nächststehende Blume. In allen Blüten – einerlei, welcher Art – sieht man im Zentrum den Entstehungskeim, den Lebenskeim, auch Blütenstempel genannt, woraus sich die Fortpflanzung ergibt.

Im Ewigen Sein ist die geistige Essenz der jeweiligen Blumenart der ätherische Lebenskeim, der sich in der Schöpfungs-, gleich Schaffungswiege Gottes schrittweise zum Wesenskern entwickelt.

Immer wieder sei darauf hingewiesen: Was hier geschrieben steht, müssen Sie nicht annehmen, nicht glauben. Nach dem Gesetz Gottes sind Sie frei. Lassen Sie sich zu nichts zwingen.
Wenn Sie wollen, können Sie es ausprobieren. Mit etwas Geduld und Übung ist es eine Erfahrung wert!

Wir lernen und üben: Virtuell nehmen Sie eine Blume auf der Blumenwiese, in dem Garten Gottes, in Augenschein. Sie haben nun ein virtuelles Bild einer Blume. Sie sehen ihren Aufbau und ihre Art. Sie erkennen, dass keine Blume in allen Einzelheiten der anderen gleicht, auch dann nicht, wenn es dieselbe Art ist.
Trotz alledem baut sich jede ätherische Blumenart in einem spezifischen geistigen Gattungsfeld auf, in dem die gleichen Arten unterschiedliche Entwicklungsstufen aufweisen.

Jede Blumenart, die wir näher betrachten und zu der wir eine innere Beziehung aufbauen, kann in unserem Körper, dem physischen Resonanzboden, zum Schwingen kommen, dann, wenn wir lernen,

das Blumenwesen in uns aufzunehmen. Ob uns das gelingt, bestimmt jeder von uns selbst. Ist es Ihnen möglich, Ihre Gedanken abzuschalten, sich also leer zu machen, um auf Empfang zu gehen, dann werden Sie allmählich spüren: Es kommt in Ihrem physischen Körper etwas zum Schwingen – es ist ein ätherischer Schwingungskörper, das Leben der Blumenart.
Wie gesagt: Alles bedarf des Lernens und des Übens.

Ein Erfahrungsbericht

Ein Teilnehmer der Gesprächsrunde berichtet aus seiner Erfahrung:

Liebe Mitmenschen, ich habe es einmal ausprobiert, nicht als virtuellen Spaziergang, sondern ich bin über Wiesen und Felder gegangen. Das Rauschen der Bäume, das Vogelgezwitscher, der Wind, all das hat mich aus meinem Lernschritt gebracht. Ich ging nochmals in den Wald und habe Folgendes ausprobiert: Ich habe mir Ohrstöpsel besorgt und diese in meine Ohren gesteckt.
Dann ging es schon besser. Die Geräusche der Außenwelt verschwanden.

Ich habe es so erlebt: Es ist dann ganz still. Zwischen dir und den Bäumen, den Sträuchern, den Blumen und Gräsern ist keine Distanz mehr. Du spürst, dass du mit ihnen den Raum teilst. Der Baum, der fern steht, strahlt keine Fremdheit aus. Er ist in seiner Wesensart ganz nah. Du teilst den Lebensraum und bist ein Teil des ganzen Lebens, das dich umgibt.

Die Stille der Natur überträgt sich auf dich, und man fühlt einen Hauch von dem, was uns in den Darlegungen über die redende All-Einheit, das Wort des Universalen Schöpfergeistes, nahegebracht wird: Stille, Friede, Verbundenheit – die Größe und Kraft des Alls.

Man fühlt den mächtigen Baum, von dem Standfestigkeit, Treue und Beständigkeit ausgehen, und die zarte Blume, die ihre Treue zu ihrem Schöpfer ausstrahlt. Es ist eine interessante Erfahrung. –
So habe ich es erlebt. Wenn Sie wollen, probieren Sie es aus!

Der Versuch lohnt sich also, einen weiteren virtuellen Schritt zu tun.

Das mache ich schon lange, kann ich
Ein weiteres Experiment: *nur bestätigen.*
Nehmen Sie Ihre Gedanken zurück, indem Sie
– wie schon des öfteren beschrieben – innehalten
und bewusst atmen. Wenn Sie Ihren Atem begleiten, so, wie er kommt und geht, nehmen die Gedanken mehr und mehr Abstand von Ihnen.
Atmen Sie einige Male tief ein und aus.
Es geht.

Wie gesagt: Wir sind virtuell unterwegs. Wenn Sie
wollen, schließen Sie abermals Ihre Augen, um
nicht abgelenkt zu werden. Betrachten, ja schau-
en Sie ein weiteres Blumenwesen als Bild in Ihrem Inneren an. Ganz allmählich fühlen Sie Leichtigkeit und Frische, weil die Blume Ihr zentrales
Nervensystem stimuliert. Das kann ein Hauch aus
dem göttlichen „Es Werde" sein, ein Hauch aus
dem Wesenskern im Urgrund Ihrer Seele.
Wenn Sie einigermaßen in der inneren Wahrnehmung geübt sind, dann werden Sie mit der Zeit
auch den Klang und den ätherischen, zarten Duft
der Blume wahrnehmen, denn, wie gesagt, alles
ist Klang, Farbe, Form und Duft.

Übung macht den Meister!

Nun setzen wir unseren virtuellen Spaziergang fort, um zu lernen, tiefer zu blicken und zu erfassen, dass alles Einheit ist und der redende All-Eine allgegenwärtig.

Übung macht den Meister! Der „Meister" erfasst mit der Zeit, dass alles Reine, alles Sein, in ihm – und somit in uns – lebendig ist, und dass es letztlich kein Hier und Dort, kein Oben und Unten, kein Hinten und Vorn, kein Rechts und Links gibt.

Bei unserem virtuellen Spaziergang sehen wir eine Heilpflanze auf der großen Blumenwiese. Was will uns das Wort „Heilpflanze" vermitteln? Es will uns nahebringen, dass es ein Kräutlein ist und gut für ein oder einige Organe des Menschen, für sein Blut oder für die Beruhigung seiner Nerven, und, und, und. Die Tatsache, dass es eine große Vielzahl an Heilkräutern gibt, zeigt uns, dass der All-Eine für den Körper Seiner Menschenkinder Sorge trägt.

Die Heilpflanze, die Sie in der Blumenwiese virtuell in Augenschein nehmen, befindet sich als geistiger Kollektivkeim auch in Ihrem Wesenskern, von wo aus das essentielle Bild lebendig wird. Ohne dass wir sie virtuell pflücken, möchte sie uns durch ihren Duft mitteilen, dass sie eine Lebensform – gleich ein winzig kleines Lebewesen – im mächtigen geistigen Kollektiv der Unendlichkeit ist.

Auch ohne gepflückt zu werden, könnte sie durch rechte Sinneswahrnehmung und durch ihren Duft uns Hilfe bringen, sofern wir ihre Wesensart und ihren Duft in unserem Körper, in unseren Organen, lebendig werden lassen können.

Wenn wir hören „lebendig werden lassen können", dann beinhaltet das die Frage: Kann uns die Heilpflanze erreichen? Es kommt immer darauf an, wie unser Klangkörper – also unser physischer Leib einschließlich unserer Organe und aller Bausteine des Körpers – schwingt.

Virtuell beugen wir uns über eine Heilpflanze, um ihren Duft aufzunehmen. Atmen Sie einige Male tief ein und aus, und nehmen Sie – virtuell der Heilpflanze zugeneigt – deren Duft in Ihren Körper auf.

Das ist jederzeit möglich, vor allem dann, wenn Sie als Mensch – also real, nicht virtuell – spazieren gehen und sich einer Heilpflanze zuwenden, ihre Wesensart und ihren Duft mit Ihren Sinnen aufnehmen.

Bei dieser Übung denken Sie daran: Alles ist gegenwärtig, sogar der Duft der Heilpflanzen.
Gegenwärtig heißt: Sie müssen nicht da und dort hin gehen – das Leben ist in Ihnen. Sie selbst sind Natur.

Nun widmen wir uns ausschließlich dem Duft der Heilpflanze.
Mit der Zeit – denn es braucht seine Zeit, das Leben in sich selbst wahrzunehmen – spüren Sie, wie in Ihrem Klangkörper der Duft des Heilkrautes sich als Wohlgefühl bemerkbar macht, eventuell sogar in bestimmten Wirksamkeiten Ihres Körpers. Sie fühlen sich unter Umständen auch freier und frischer, auch Ihr zentrales Nervensystem entspannt sich.

Anmerkung: Wenn Sie einen realen Spaziergang machen und von einer Heilpflanze z.B. einige Blätter für Tee oder für andere Heilzwecke pflücken, dann denken Sie daran: Die Heilpflanze möchte in Ihnen voll zur Entfaltung kommen, ohne Zusatzstoffe.

Entscheidend ist, wie Sie der Lebensform begegnen, ob diese für Sie nur ein Mittel zum Zweck, nur ein Heilmittel ist, oder ob sich die Heilpflanze in Ihrem Körper, in Ihren Organen hilfreich entfalten kann, so, wie beim geschilderten virtuellen Spaziergang.

Lassen Sie den Gedanken nicht los, dass alles Kommunikation ist und dass der ganze Mensch mit dem materiellen Makrokosmos in Kommunikation steht und das Innerste in Ihrer Seele mit dem All-Sein, dem All-Einen, dem Schöpfer der Unendlichkeit.

Eine weitere Anmerkung zur Verwendung von Heilpflanzen: Sollten Sie Heilkräuter pflücken, denken Sie daran – die Wurzel gehört der Mutter Erde. Lassen Sie der Mutter Erde die Wurzel, und nehmen Sie vorsichtig nur so viel vom Heilkraut, wie nötig. Zu lernen heißt auch, nichts zu vergeuden, was uns der Schöpfergott über die Mutter Erde schenkt.

Diese Übungen sind uns auch möglich, wenn wir in einer Stadt leben und kaum Zugang zu den Heilkräutern in der Natur haben, denn sämtliche Lebensformen stehen untereinander in Kommunikation. Das heißt, dass es für die All-Kommunikation keine Entfernung gibt.

Die All-Kommunikation ist immer Gegenwart. Es gibt keine Zeit und keine Entfernung, somit auch keine „Wartezeiten".

Das Sendebewusstsein des Alls ist gleich unmittelbarer Empfang. Das gilt auch für ein Heilkraut. Es ist dann auf seiner unmittelbaren Wellenlänge zu erreichen, wenn dieser Wellensektor in unserem Bewusstsein aktiv ist.

Eine kommunikative Resonanz ist durchaus möglich, wenn wir weitgehend das Leben der Naturreiche achten, Tiere, Pflanzen und Mineralien schätzen und diesen Lebensformen nicht gleichgültig, sondern freundlich und hilfsbereit gegenüberstehen. Es kommt also nicht auf die Entfernung an.

 Wir Menschen haben oft die Einstellung: „Heute geübt – morgen muss es sein!" Doch es geht nun mal nicht von heute auf morgen! Es heißt immer und immer wieder üben und uns dabei selbst die Frage stellen: Wie sieht mein Alltag aus – meine Gedanken, Worte und meine Handlungen?

Einzig das bestimmt unser Leben, das sind auch unsere Werke, und das beruht, wie alles, auf „Senden und Empfangen".

Die Erde ist ein lebender Organismus.

Bevor unser virtueller Spaziergang zu Ende geht, lassen wir auch den Feld- oder Waldweg auf uns wirken. Wir nehmen kleinere und größere Steine wahr und dazwischen Gras; hin und wieder spitzt eine Blume hervor.

Selten widmet ein Spaziergänger, auch der Straßenpassant oder der Fahrzeughalter seine Aufmerksamkeit den Steinen und dem Schotter auf den Wegen. Auch machen sich die wenigsten Menschen bewusst, dass sie auf Gras treten und da und dort eine Blume oder ein Tierlein zertreten. Wege und Straßen, Tunnel und Bahngleise, die Reiserouten der Flugzeuge, der Schifffahrt und Weiteres mehr, werden in und über der Erde dem Planeten von den Menschen aufgezwungen.

Denkt der Landwirt darüber nach, dass er mit seinen schweren Bodenbearbeitungsmaschinen nicht nur die Felder bestellt, sondern schonungslos das Erdreich verdichtet und damit auch das Bodenleben in Bedrängnis bringt und dabei so manches Tierlein tötet und nicht zuletzt vergiftet durch künstliche Düngemittel, Pestizide, Herbizide und dergleichen?

Ist dem Menschen bewusst, auf welch brutale Art und Weise die Mineralien der Erde entwendet wurden und werden?

Die Erde ist ein lebender Organismus. Hat der Mensch sich schon einmal klargemacht, was es für die Erde bedeutet, wenn Staudämme gebaut oder Hochhäuser errichtet werden?

Es geht hier nicht um das Bauen von Wohnhäusern, sondern um den massiven Eingriff in die Erde, wobei deren Gleichgewicht erheblich gestört wird.

Wenn Sie nun bei Ihrem virtuellen Spaziergang zurückblicken und sich an Ihre vielen realen Spaziergänge im Wald und über die Fluren erinnern, dann erahnen Sie, dass der Eigentümer der Erde viel Geduld mit uns Menschen hat.

Auch der Raubbau an der Mutter Erde ist ein schweres Vergehen am Leben. Das Gleiche gilt für den Mord der Tiergeschöpfe und der Pflanzenwesen. Alles, was Leben trägt – und alles trägt das Leben – gehört zur großen Familie Gottes.

Dazu sei gesagt: Was der Mensch sät, das wird er ernten.

Der Planet Erde ist nur eine Leihgabe von Gott, damit der Mensch während seines Erdenlebens seine wahre Herkunft wieder findet.

Auch seine Tiergeschwister und die Pflanzenwesen sind dem Menschen nur zur Seite gestellt,
damit er wieder die Einheit allen Lebens in sich
erschließt.

Er, der All-Eine, der Schöpfer allen Seins, ließ für
das körperliche Wohlbefinden Seiner Menschenkinder Heilkräuter wachsen und schenkte ihnen
zur Stärkung ihres Leibes die Mineralien.
Der Ewige sprach sinngemäß, dass die Früchte
des Waldes und der Felder, die Früchte der Bäume
die Nahrung der Menschen sein sollen.
Auch die Elemente, die in Gottes Hand sind, dienen zur Aufbereitung der Naturreiche und stehen
auch dadurch uns Menschen bei. Er lässt die
Sonne scheinen für Gute und Böse; Er, der Ewige, lässt es regnen, lässt den Wind wehen und
schenkt die Luft zum Atmen. Das und weit mehr
sind Seine Gaben an uns Menschen. – Was hat der
sogenannte zivilisierte Mensch mit all dem, was
uns der ewige Schöpfer zukommen ließ und lässt,
gemacht?

Wenn wir das alles am Ende unseres virtuellen Spazierganges bedenken und uns die maßlosen Vergehen an Gottes Schöpfung bewusst machen, dann wird so mancher denken:

Sag ich schon lange,

Ja, wir sind geistig Steinzeitmenschen geblieben, trotz des sogenannten wissenschaftlichen und technischen Fortschritts. Und manch einer kommt zu dem Schluss, dass möglicherweise gerade der wissenschaftliche Fortschritt die Menschheit zu geistigen Analphabeten gemacht hat, die den Naturvölkern nicht das Wasser reichen können.

Überdenken wir, dass alles, was uns bewusst und vielfach noch unbewusst ist, und vieles mehr, als Essenz, Licht, Kraft, als Leben in uns pulsiert. Wer zu dieser Erkenntnis gelangt ist, wird z.B. einen schlichten, für uns nichtssagenden Stein gewiss nicht mehr ohne Weiteres, einfach aus Lust und Laune, von sich werfen. Auch die Mineralien werden wir dann nicht mehr ohne Bedenken vergeuden.

Menschen, die im virtuellen Spaziergang geistig erwacht sind, leben mehr und mehr in dem Bewusstsein, dass alles Energie ist und dass alles auf, in und über der Erde, in den Gewässern und

Meeren Gottes allwaltendes, ewiges Gesetz ist, das Leben aus Gottes Odem. Sie erfassen und erleben, dass der Mensch nur ein kurzzeitiger Bewohner auf diesem Planeten ist, um sich rückzubesinnen, dass im Urgrund seiner Seele ein unermesslicher Schatz lebt: der Wesenskern in ihm, Gottes All-Macht und Liebe.

Mögen unsere virtuellen Spaziergänge viele von uns anregen, reale Spaziergänge ähnlicher Art zu erleben.

Im Urgrund unserer Seele
sind wir unendlich reich.
Der innere Reichtum ist entscheidend –
das ewige Leben.

Liebe Mitmenschen, nur durch die innere Wahrnehmung der Lebensformen und Lebewesen um uns erfahren und erleben wir, welch einen Schatz unsere Seele trägt.

Wohin wir schauen, wohin wir gehen – überall ist das innerste Walten des All-Einen. Auf dem Weg zur Arbeit, zum Einkaufen, bei der Arbeit, in allem, was wir erleben, auch im Haushalt, bei der Familie, im Freundeskreis, erkennen wir Gottes All-Walten.

Vergessen wir nicht: Gott, das All-Leben, ist immer gegenwärtig.

Auch bei Unstimmigkeiten und Streit können wir lernen, den Ansatz des Positiven zu finden und diesen vorsichtig, also zielbewusst anzusprechen.

Das Gute ist immer gegenwärtig, und immer gibt es einen Ansatz zum Positiven.

Lernen wir weiter zu ergründen, was wir hörten und lasen.

Wie können wir dem großen Leid der Tiere, der Pflanzen, der ganzen Mutter Erde begegnen?

Frage: *Infolge der Arbeit an uns selbst und infolge der Übungen „werden wir friedliebender und friedvoller und somit geistig stimmiger", wie es hieß. Wir werden um vieles sensitiver, und wir spüren das unermessliche Leid der Tiere, der Pflanzen, der ganzen Mutter Erde intensiver. – Wie kommt man damit zurecht, damit dieses große Weh einen nicht völlig niederdrückt?*

Antwort: Wir kommen nur dadurch einigermaßen zurecht, indem wir zum einen für die Menschen beten, die Tiere quälen, die sie brutal töten, in Tierghettos als Schlachttiere halten, an Schlächter ausliefern und, und, und. Wir sollten aber auch im Gebet an die Seelen jener Menschen denken, die noch – aus Unwissenheit oder Schwäche – das Fleisch der hingemordeten Tiere verzehren. Alle diese Gebete sollten wir unter den Schutz des Christus Gottes stellen.

Gleichzeitig sollten wir, je nach unseren Möglichkeiten, uns einsetzen, Tieren ein artgerechtes, freies Leben zu ermöglichen, bis zu ihrem körperlichen Hinscheiden, denn das ist gerade für die Tiere ein natürlicher, also ganz „normaler" Vorgang.

Das Erdendasein, das wir Menschen als ethisch wertvolles Leben ansehen, sollten wir auch den Tieren zuteil werden lassen und letzten Endes auch dem Erdplaneten, der ebenso ein Organismus ist, der seine Wahrnehmung hat und der, wie wir, Träger des Lebens ist. Er schenkt Leben und Frucht; wir Menschen dürfen empfangen.

Um die kosmische All-Kommunikation
zu erlangen, gibt es noch viel zu tun,
das heißt: Lernen, lernen und
nochmals lernen! Wollen wir es wagen?

Frage: *Wir haben uns auf dem virtuellen Spaziergang darin geübt, den Klangkörper eines Tieres und die Lebensform einer Blume in uns wahrzunehmen. Dem einen gelingt dies besser, wenn es sich um unsere Tiergeschwister handelt, dem anderen scheinen die Pflanzenwesen näher zu sein. Warum ist das so?*

Antwort: Ein Bild von der Sonne und den Wolken könnte uns dabei behilflich sein:

Die Wolken verdecken das Licht der Sonne und bringen Schatten auf die Erde. Doch die Sonne scheint – ob sich die Wolken dunkel auftürmen oder lichter sind. Ist die Bewölkung locker, sind es z.B. sogenannte Schleierwolken, dann leuchtet die Sonne durch die lockere Bewölkung.

Sind die Schatten, ist die Bewölkung, auf einem Bereich der Partikelstruktur unserer Seele dichter, dann ist auch die Kommunikation – z.B. im Hinblick auf die Tierwelt – gestört. Ist hinsichtlich des Pflanzenlebens die Partikelstruktur unserer Seele lichter, dann ist uns die Kommunikation zu diesen näher.

Insgesamt ist zweifellos festzustellen: Um die kosmische All-Kommunikation zu erlangen, gibt es noch viel zu lernen und zu tun!

Lernen wir, uns immer wieder darauf zu besinnen, dass wir Menschen im Urgrund unserer Seele all-reich, also unendlich reich sind. Wohl dem, der das erfasst!

Lernen wir, unsere Gedankenwelt zu ordnen. Lernen wir, unsere Atmung zu beobachten.

Lernen wir, der All-Einheit näher zu kommen, so dass das Bild des Lebens in unseren gereinigten

Gedanken auferstehen kann, denn, wie gesagt, im Urgrund unserer Seele wirkt ein einmaliger Schatz: das reine Sein, die All-Kommunikation.

Lernen wir, was Leben bedeutet.

Lernen wir, in jeder Situation Ruhe und Disziplin zu bewahren, um das Erdenleben zu meistern und in dieser Ausgewogenheit auch die Verhaltensweisen unserer Mitgeschöpfe, der Tiere, zu beobachten und die Natur zu betrachten und zu erleben.

Wo wir auch gehen, wo wir auch stehen – es gibt immer zu lernen.

Lernen Sie, lernen wir, das Leben wahrzunehmen, denn alles verläuft in Rhythmen, in Farben, Formen, Klängen und Düften.

Der Bund des Ewigen
mit den Tieren

Wer in seinem Leben das Gesetz der Einheit, die Gottes- und Nächstenliebe, das „Verbinde und sei", mehr und mehr erfüllt, dem erschließt sich die Erkenntnis: Erst wenn wir Menschen wieder die All-Einheit erlangt haben, wird auf dieser Erde Friede sein – so, wie Gott, der Ewige, bereits vor 2700 Jahren durch Seinen Propheten Jesaja ankündigte:

„Dann wohnt der Wolf beim Lamm,
der Panther liegt beim Böcklein.
Kalb und Löwe weiden zusammen,
ein kleiner Knabe kann sie hüten.
Kuh und Bärin freunden sich an,
ihre Jungen liegen beieinander.
Der Löwe isst Stroh wie das Rind.
Der Säugling spielt vor dem Schlupfloch
der Natter, das Kind streckt seine Hand
in die Höhle der Schlange.
Man tut nichts Böses mehr und begeht kein
Verbrechen auf Meinem ganzen heiligen Berg;
denn das Land ist erfüllt von der Erkenntnis des
Herrn, so wie das Meer mit Wasser gefüllt ist."

Und durch Seinen Propheten Hosea sprach Gott, ebenfalls schon vor 2700 Jahren:

„Ich schließe ... an jenem Tag einen Bund mit den Tieren des Feldes und den Vögeln des Himmels und mit allem, was auf dem Erdboden kriecht.

Ich zerbreche Bogen und Schwert, es gibt keinen Krieg mehr im Land, Ich lasse sie Ruhe und Sicherheit finden."

In unserer Zeit, im Jahr 1999, offenbarte sich der Ewige durch Seine Prophetin Gabriele: Er schloss einen Bund mit den Tieren und der gesamten Natur und mit der Mutter Erde.

Der ewige Geist, der Schöpfer der Unendlichkeit, sprach:

Ich gab ihnen eine gesunde Erde. Sie machten jedoch aus dem Wohnplaneten Erde eine Müllhalde und eine Keimstätte für Krankheiten, Seuchen und vieles mehr. Die Menschheit erkrankt immer mehr, weil die Erde nicht nur krank ist, sondern kaum mehr lebensfähig durch den Quälgeist Mensch, der sie unermüdlich malträtiert und quält.

Der Urheber des Übels glaubt, gesunden zu können, wenn für ihn das richtige Medikament gefunden wird, das in sogenannten Laboratorien an Tieren auf bestialische Art und Weise erprobt wird.

Dann – so glaubt der erbarmungslose Mensch –
könne er seine Unbarmherzigkeit weiter ausleben.
Die Tierhalter, die Tiere halten, um sie zu schlachten, sind nicht besser als die bestialischen Menschen, die in Laboratorien die Tiere foltern, misshandeln, zerstückeln und anderes mehr. Wer Tiere
einpfercht, um sie auf engstem Raum dahinvegetie-
ren zu lassen, obwohl die Erde die Freiheit bietet,
dem wird einst Gleiches und Ähnliches widerfahren
nach dem Gesetz von Ursache und Wirkung: Was
der Mensch sät, das wird er ernten.
So ist jeder seines Glückes Schmied. Was der Mensch
Tieren, Pflanzen, Mineralien antut – also der Erde
– das wird auch ihm zuteil werden, einerlei welches
Medikament er einnimmt, um der Wirkung zu
entgehen.
Die Menschheit vieler Generationen hat die Erde
auf grausamste Weise malträtiert. Sie wurde ge-
schändet und ihrer Schätze beraubt. Die Menschen
griffen und greifen in die Wasserläufe ein, welche die
Adern der Erde sind. Sie kippten und kippen ihren
Müll in die Lebensquellen der Erde, in die Meere.
Sie zerstörten und zerstören den Schutzschild der
Erde, die Atmosphäre und die Lunge der Erde, die
Wälder.
Die Menschen sind zu Kannibalen geworden.
Die Auswüchse des Kannibalismus sind grenzenlos.

Der Kannibale Mensch züchtet Millionen und Abermillionen von Tieren. Tag für Tag lässt der Kannibale Mensch sie in die Schlachthäuser treiben und auf grausame Art und Weise umbringen, um dann ihr Fleisch – natürlich wohlschmeckend zubereitet – zu verzehren.

So mancher glaubt, die Tiere wären eine Ware und die Erde könne er ausbeuten, um sein Bankkonto zu vergrößern. Er wird irgendwann erkennen müssen, dass er in Wahrheit immer ärmer geworden ist, je größer sein Bankkonto wurde. Die armseligen Geschöpfe, die glauben, sie könnten den Schöpfer übertrumpfen, werden in Bälde erkennen müssen, dass die Mutter Erde ihnen nicht mehr gehorcht.

Die Erde ist nun Mein und wird das tun, was Mein Wille ist. Das bedeutet, dass die Ursachen, die Vergehen der Menschen an der Mutter Erde, als Wirkungen immer rascher auf sie zukommen werden. Die Menschheit erlangt allmählich den Höhepunkt ihres Treibens. Der Widersacher ist der Ansicht, durch entartete Menschen, die in das Leben eingreifen und sich als Schöpfer aufspielen, über Mich triumphieren zu können. Er hat sich schon immer getäuscht, auch diesmal wird er sich täuschen, denn nun ist die Mutter Erde Mein.

Auf dem Panier vieler Menschen steht Mord und Totschlag. Der unersättliche Moloch Mensch hat sich gegen seinen eigenen Wohnplaneten gestellt und ist somit gegen alles, was auf der Erde lebt. Weil die Menschen die Liebe ihres Erlösers zu Menschen und Tieren nicht angenommen haben, nahm Ich von ihnen die Erde mit allem, was auf ihr lebt – Tiere, alle Pflanzenarten und Mineralien – zurück und lege sie vertrauensvoll in die Hände von Geistwesen und göttlichen Wesen der Natur, welche die Erde mit ihren Tieren, Pflanzen und Mineralien ganz allmählich wieder aufbauen und der Gesundung zuführen werden.

Der Bund mit den Tieren ist geschlossen. Es sei!

Und Gott, der Ewige, sprach weiter:

Wenn geistig kosmisch friedfertige Menschen die Erde bewohnen, werde Ich die Erde wieder den Menschen geben, so, wie es Jesus, der Christus, in der Bergpredigt sagte: „Selig sind die Sanftmütigen, denn sie werden das Erdreich besitzen."

Die Tiere, die Pflanzen, die Elementarkräfte, die Erde, die gesamte Natur sind Teil des Lebens. Über sie wird das Friedensreich Gottes entstehen, indem es auf Erden so ist wie im Himmel.

Wir haben gelesen: Wer es fassen kann, der fasse es, und wer es lassen will, der lasse es.

Gott macht Sein Wort wahr! Es ist zu erkennen: Der Ewige nimmt die Tierwelt nach und nach zurück, so auch die Pflanzenwelt. Was dann? Was heißt das für uns Menschen?

Der Erdkiller Mensch

Betrachtet man den Zustand der Menschheit und der Erde, dann denkt man unweigerlich an einen Vandalen, der die Erde in ein Schlachtfeld verwandelt hat, der zu Wasser und zu Land den heidnischen Opferkult aufrechterhält, indem er die Weltmeere totfischt, die Tiere zu Land hinmordet und hinmorden lässt und immer wieder aufs Neue danach trachtet, die Erde total auszuplündern.

Der Barbar Mensch ist buchstäblich zum Räuber und Mörder geworden, was die Erde betrifft, mit allem, was sie an Menschen, Tieren, Pflanzen und Mineralien trägt. Einen solchen Menschen kann man auch als Erdkiller und geistigen Analphabeten bezeichnen, der nur sich selbst kennt.

Nimmt die Erde das zurück, was letzten Endes ihr gehört – z.B. des Menschen physischer Leib –, dann ist die entbundene Seele, die nicht von dieser Erde ist, ein geistiges Wrack, das sich in den Reinigungsebenen der Seelen erst wieder zurechtfinden muss, um sich dort aufzubauen. Irgendwann lernt sie, zu erschließen, was sie letztlich in sich trägt, den freien Geist, den All-Einen, der ihr Schöpfer und himmlischer, ewiger Vater ist, und sie lernt, dass sie Geist aus Seinem Geiste ist.

Das All-Kommunikationsprinzip – ohne Technik.
Die weltliche Kommunikationsstütze der Menschen

In einer immer gröberen Welt, in der das Diktat der Technik den Takt der Menschheit bestimmt, mögen die dargelegten feinsten geistig-göttlichen Abläufe oftmals nur schwer zugänglich erscheinen. Die Masse der Menschheit ist stumpf geworden gegenüber den feinen Gesetzmäßigkeiten des Lebens, die allen Lebensformen zugrunde liegen.

Mit der Vergröberung der fünf Komponenten, der Inhalte z.B. der Gedanken und Gefühle, geht auch eine Vergröberung und Verrohung der Lebensumstände der meisten Menschen einher. Daher klingen die Worte aus dem Ursprung, aus der Weite und der Tiefe des Lebens, für viele unerreichbar, ja nahezu unfassbar, und es scheint manchem unmöglich, das im eigenen Leben zu erfahren.
Zu dem, was uns aus der siebendimensionalen Welt des Ewigen Seins erläutert wird, die auch unsere dreidimensionale Welt durchdringt, haben moderne, intellektuell geprägte Menschen oftmals keinen leichten Zugang. Und doch bietet gerade

die heutige Zeit mit ihren technischen Möglichkeiten mehr anschauliche Beispiele für das Kommunikationsprinzip der Unendlichkeit – „Senden und Empfangen" – als je zuvor.

Die grobstoffliche Kommunikationstechnik basiert auf heruntertransformierten Gesetzmäßigkeiten, die nichts anderes sind als schal gewordene Energien. Sie sind Abwandlungen, ein dreidimensionaler technischer Abglanz der Kommunikationsformen des Ewigen Seins, des unendlichen Licht-Äthers, von dem wir immer wieder lesen. Wie schwer ist es für uns Menschen, uns die All-Kommunikation bewusst zu machen; und doch beruht alles auf „Senden und Empfangen".

Wir erinnern uns: Alle Lebensformen und Lebewesen im Lebensstrom des Schöpfers sind miteinander verbunden. Sie leben in der aktivierten All-Kommunikation der Unendlichkeit. Sie brauchen nicht da- und dorthin zu gehen. Über ihren Wesenskern stehen sie mit dem ganzen All in Verbindung.

Wollen sie in Kontakt treten mit einem Wesen, das sich eventuell in einer anderen Himmelsebene befindet, dann senden sie mit einem Impuls über den Wesenskern das Wesen an und sind in diesem „Augenblick" gegenwärtig und unmittelbar mit diesem Wesen verbunden, miteinander eins. Wir würden sagen, die Geistwesen und alle Lebensformen sind über den Wesenskern miteinander „vernetzt".

Eine Frage steht wahrlich zu Buche: Und wir Menschen? Wo stehen wir? Was ist unser Sendevolumen? Wohin senden wir?

Wir Menschen zeichnen ein trauriges Bild von uns, hinsichtlich der All-Kommunikation ohne Technik; und doch ist der Mensch auf seine Errungenschaften so stolz und dazu noch überheblich.

Wenn geistig-göttliche Gegebenheiten uns schwer zugänglich sind, dann könnten wir uns die millionenfachen Abläufe der heutigen Kommunikationstechnik vergegenwärtigen.

Eine der vielen technischen Möglichkeiten, die uns Menschen im Alltag wie selbstverständlich begleiten, obwohl sie noch vor wenigen Jahrzehnten als utopisch galten, sind die Anwendungen der Mobilfunktechnik. Es ist für uns zur Selbstverständlichkeit geworden, dass wir mit dem Anwählen einer Nummer in einem Kommunikationsnetz Impulse setzen, durch die wir mit dem angewählten Handy verbunden werden. Wir können nun innerhalb der unzähligen Möglichkeiten des Mobilfunknetzes von jedem beliebigen Standort aus eine Nummer wählen und so zielsicher mit dem gewünschten Gesprächspartner – auch in einem fernen Land – in Kommunikation treten.

✝ Diese nachvollziehbare technische Möglichkeit findet im Grobstofflichen statt, und wir nehmen sie in Anspruch, ohne uns darüber Gedanken zu machen, auf welchen Gesetzmäßigkeiten diese Technik basiert.

Das Internet erweitert diese Möglichkeiten der technischen Kommunikationsaufnahme schon heute ins beinahe Unfassbare. Nicht allein mit dem Schall kann kommuniziert werden; es können sich weit entfernte Gesprächspartner auch gegenseitig sehen, um sich miteinander zu unterhalten, so, als wären sie beide am selben Ort.

All das nehmen wir als selbstverständliche technische Errungenschaften an – dabei handelt es sich letztlich nur um heruntertransformierte, wir könnten auch sagen, satanisch manipulierte Abwandlungen der Gesetzmäßigkeiten des Ewigen Seins.

Es kann uns also eine Verständnishilfe sein, wenn wir uns in etwa vorstellen: So, wie das Mobilfunknetz jedem Teilnehmer die Möglichkeit gibt, aus den unzähligen Möglichkeiten des Netzes zielgenau eine spezifische Nummer anzuwählen, so ähnlich ist es dem Geistwesen möglich, durch Kommunikationsaufnahme über den Wesenskern absolut präzise ein anderes Wesen in der ganzen Unendlichkeit zu erreichen.

Die technischen Möglichkeiten unserer Zeit ziehen gar manchen fasziniert in ihren Bann. Mögen Sie diese Faszination nun genauso empfinden für die wunderbare Vielfalt, Größe und Feinheit der Kommunikation der All-Einheit. Eine Lebensweisheit erschließt sich damit dem Herzensdenker und dem Herzenshörer. Sie lautet: „Mensch nimm dich nicht so wichtig; du bist größer, als du zu denken vermagst."

Das All-Kommunikationsnetz begleitet den ankommenden Erdenbürger.

Der Erdenlebenszyklus des Menschen

Das gebende und empfangende All-Prinzip ist immer der freie Geist, Gott, das Leben der Unendlichkeit, der Licht-Äther. Der Wesenskern, von dem wir des Öfteren hörten, beinhaltet also alle Kräfte des Seins, weil er komprimierter Licht-Äther ist.

Jesus von Nazareth lehrte die Menschen: *„Das Reich Gottes ist inwendig in euch."* – So ist es! Alle Kräfte des Ewigen Seins, gefasst im Wesenskern, sind *in* uns, im Urgrund unserer Seele. Der Urquell des Gebens und Empfangens ist das Licht der ewigen Sonne, die unsere Seele und unseren Körper mit Lebenskraft erfüllt.

Es ist die Göttlichkeit im Wesenskern. Bei der Geburt eines Menschenkindes, beim ersten Schrei, beim ersten selbstständigen Einatmen verbinden sich der Wesenskern und die Seele mit der sich aufbauenden Hirnanhangsdrüse des Kindes.

Die feinerstoffliche Seele nimmt zunehmend Kontakt mit dem Organismus des Neugeborenen auf und strömt gemäß ihres Fluidums in den physischen Körper. Dem Wachstum und der Reife des Kindes entsprechend strömt sie immer tiefer in den physischen Leib ein. Über den Wesenskern spendet der ewig freie Geist dem Menschenkind das Leben. Die Atmung des Kindes ist, wie bei uns allen, der Odem Gottes.

Über den Wesenskern bleibt der neue Mensch mit der All-Kommunikation verbunden.

Wie gesagt: So, wie das Kind wächst und sich entwickelt, nimmt ein Teil der Seele mehr und mehr den Körper in Besitz. Sukzessive strömt sie über sieben geistige Zentren im Menschen in die Bausteine des physischen Leibes und überträgt das Leben allen Körperfunktionen. Das heißt: Über den Wesenskern gibt der Ewige der Seele und über die Seele allen Bausteinen und allen Funktionen des Körpers Seine Kraft.

Das Kind wächst und reift zu einem jungen Menschen heran. Bei jedem Ein- und Ausatmen ist Gottes Kraft gegenwärtig.

Das Herz des Menschen ist ausschließlich die Verteilerstation für das irdische Dasein. Der Herzmuskel gibt den Takt vor, je nachdem, ob der Mensch kurz oder tiefer atmet.

Das Kind wächst und reift und kommt allmählich in die Jugendjahre. Die Zeit hält nicht inne – der junge Mensch wird älter. Die Jahre vergehen; das Älterwerden reicht dem Ältersein die Hand, doch der Wesenskern bleibt bei ihm, dem Menschen.

Weil das Erdenleben nicht von Dauer ist, scheidet der Mensch früher oder später hin.

Schon bei der Geburt des Kindes bringt die Seele ihren Erdlebenszyklus mit, den der einstige Mensch – sofern Vorinkarnationen vorlagen – seiner Seele auferlegt hat. Der Erdlebenszyklus zeigt unter anderem auf, wie lange der Mensch im Zeitlichen zu leben hat.

Bei der Geburt trägt folglich der neue Erdenbürger schon den Zyklus in sich, der heißt: Von der Geburt bis zum Hinscheiden.

Es ist jedoch möglich, dass der Mensch seinen irdischen Lebenszyklus früher als vorgesehen abbricht. Dies geschieht dann, wenn er Ursachen über Ursachen schafft, wodurch Situationen eintreten können, die z.B. die Gefahr mit sich bringen, dass der Mensch vorzeitig hinscheidet. So unterbricht er seinen irdischen Lebenszyklus durch einen selbstverschuldeten frühzeitigen Tod.

Es gibt unzählige Schicksalsvarianten, z.B. auch durch den Freitod oder durch ein karmisches

Netzwerk, wobei z.B. einer den anderen mit in den Tod reißt, und, und, und. Doch immer ist der Mensch selbst der Herausforderer seines Geschickes, seines Schicksals. Aber der Wesenskern bleibt in seiner Seele.

Nun könnte der Einwand kommen, dass auch ein vorzeitiges Hinscheiden programmiert sein müsste, weil es keine Zufälle gibt. Ja, so ist es – doch es liegt immer an uns, am Menschen selbst, ob wir uns in kritischen Situationen rechtzeitig zügeln oder unser Seelengefährt, den Körper, abstürzen lassen. Auch hier entscheidet der freie Wille.

Wie gesagt: Bei dem ersten Einatmen des Neugeborenen verbinden sich der Wesenskern und die Seele mit der Hirnanhangsdrüse.

Beim Hinscheiden eines Menschen, bei seinem letzten Ausatmen, beginnen sich der Wesenskern und die Seele von der Hirnanhangsdrüse zu lösen. Der Seelenleib löst sich also ganz allmählich aus dem toten Körper heraus, so dass dieser nur noch die Hülle des einstigen Seelenkörpers ist. Beim letzten Ausatmen des Menschen atmet der nun feinerstoffliche Seelenleib ein und atmet nach der vollständigen Entkörperung gemäß dem Rhythmus seiner Feinerstofflichkeit im Jenseits weiter.

Eine lichtere Seele nimmt den Ton, gleich Klang, eines feinerstofflichen Planeten wahr, der vom Menschen entsprechend dem „Für oder Gegen das Gebot der Gottes- und Nächstenliebe" programmiert ist.

Eine sogenannte erdgebundene, weltbezogene Seele hält sich unter Umständen noch sehr lange im Zeitlichen auf, weil die auf das Materielle hin orientierten Programme des ehemaligen Menschen auch von der Seele aufgenommen worden sind.

Die diesseitsgeprägten Programme sind vorwiegend im materiellen Kosmos gespeichert, denn: Wohin der Mensch sendet, von dort empfängt er; darin liegt auch die Anziehungskraft, der Magnet für die Seele – dann, wenn der physische Leib hingeschieden ist. Und doch bleibt die All-Kommunikation – der Wesenskern in der Seele.

Unsere Speicherungen bilden also die Sende- und Empfangsstation. Wenn z.B. eine Seele zu einer weiteren Einverleibung geht, dann nimmt sie ihr noch vorhandenes Für und Wider in ihr neues Erdendasein mit. Überwiegen die Negativprogramme, dann können diese durchaus das Schicksal des neu inkarnierenden Menschen bestimmen. Jeder von uns, also wir haben es in der Hand.

Nicht umsonst gab uns der Ewige durch Mose die Zehn Gebote, Gesetzesauszüge aus dem allumfassenden Gesetz der Unendlichkeit, dem Reich Gottes. Und nicht umsonst gab der Sohn Gottes, der Mitregent des Reiches Gottes, als Jesus von Nazareth in Seiner Bergpredigt noch tiefere Einblicke in die Gesetzmäßigkeiten des Ewigen Seins.

Wir, jeder einzelne Mensch entscheidet über sein Erdenleben selbst gemäß dem Prinzip des Für und Wider: Entweder für Gottes Hinweise in Seinen Geboten und in der Bergpredigt Jesu – oder gegen den Rat des Ewigen, indem der Mensch gegen seine Seele handelt durch Zuwiderhandlungen im Denken, Reden und Tun und auf diese Weise Seelen- und Körperenergie verbraucht, so dass unter Umständen ein Schicksal aufbricht, das durchaus hätte verhindert werden können.
Die Freiheit im Gesetz der Gottes- und Nächstenliebe ist von Bedeutung, denn aus dem All-Gesetz kommen viele Achtungzeichen, die dem Menschen Hilfen sein können, sofern er bereit ist, sich immer wieder selbst in Frage zu stellen. Sind wir wachsam, und stellen wir in allen unguten Situationen den Bezug zu uns selbst her – was unsere Mitmenschen betrifft, auch unser Verhalten gegenüber der Tier- und Pflanzenwelt, gegenüber

der ganzen Erde mit allem, was sie trägt –, dann lernen wir an uns selbst und werden uns selbst rechtzeitig zügeln.

Wie es auch sei – die All-Kommunikation, der Wesenskern, bleibt im Urgrund unserer Seele.

Die Seele bereitet den Menschen auf das Hinscheiden vor.

Ein Hinweis insbesondere für ältere Menschen: Ältere Menschen merken immer öfter, dass die Körperkräfte nachlassen, dass sie unter Umständen bedächtiger, gar hinfälliger werden und immer öfter ermüden. Auch der Atemrhythmus wird kürzer; besonders bei einer anstrengenden Arbeit geht der Atem mühsamer. Es wird also vieles beschwerlicher.

Von Krankheit ist hier nicht die Rede; das gehört zu einem anderen Thema.

Wie oft hört man: „Das Alter setzt den Hobel an und hobelt alle gleich." Einerlei, ob der Mensch einen Schönheitschirurgen in Anspruch nimmt oder nicht – die Kraft lässt nach, der Stoffwechsel geht langsamer, die Falten kommen, die Haare werden grau und, und, und. Die Entwicklung ist unausweichlich. Das gehört nun mal zum Erdendasein des Menschen: Das Leben wandelt sich, von der Geburt bis zum Hinscheiden, doch der Wesenskern beinhaltet die ewige Jugend im Ewigen Sein.

In der ganzen Unendlichkeit gibt es keine Zufälle und auch nichts Statisches, nichts, das unversehens ruckartig erfolgt. Nach einem gewissen zeitlichen Hiersein der Seele im Menschen beginnt die Vorbereitungszeit auf den Moment, in dem die Seele aus ihrem physischen Leib auszieht. Während dieser Vorbereitungszeit bereitet sich die Seele auf das Leben in ihrer feinerstofflichen Form vor. Langsam, ganz langsam – bei einem gesunden Menschen oftmals über mehrere Jahre – zieht sich die Seele zurück.

Manch älterer Mensch hat z.B. beim Gehen Mühe. Auch die Kraft in den Armen und in den Händen lässt nach. Schweres zu tragen wird zur Last. Die Seh- und Gehörorgane lassen ebenfalls in ihrer Leistung nach. Der Alltag wird allgemein mühevoller.
So mancher Mensch will darüber nicht nachdenken. Wie oft hört man von älteren Menschen: „Das kann doch nicht sein! Früher hat mir das

alles nichts ausgemacht. Ich war agil, war stark, konnte viele Stunden ohne große Mühe arbeiten, also Leistung bringen – und heute ist alles so beschwerlich!"

So ist es nun mal. Die Seele bereitet sich auf einen anderen Aggregatzustand vor. Könnten wir unsere Seele befragen, dann würde diese uns sinngemäß antworten:
„Du, meine Hülle Mensch, merke dir: Ich, das Geistwesen im Innersten deines Seelenleibes, bin nicht von dieser Welt; ich habe ausschließlich einen materiellen Körper angenommen, um das, was ich an Unlauterem aus Vorinkarnationen mitgebracht habe, in diesem Erdenleben so weit wie möglich zu beheben. Ich möchte heimwärts wandern, zu meinem Ursprungsland, dem ewigen Reich Gottes, wo ich wieder als Geistwesen leben werde im Ewigen All-Sein."

Einerlei, wie sich der Mensch auch gibt, einerlei, ob er das Älterwerden durch Schönheitsoperationen, Bäder, Massagen und dergleichen so lange wie möglich hinauszuschieben versucht – jeder, aber auch jeder, ist nur Wanderer auf dieser Erde. Eines Tages wird die Seele ihren physischen Leib ablegen, da dieser der Erde angehört.

Es gibt keine Ausnahme – alle Menschen scheiden hin. Und wenn die Seele noch so oft als Mensch wiederkehrt: Für jeden Menschen – ohne Ausnahme – kommt die Zeit und die Stunde, da die Seele ihren Körper ablegt. Doch der Wesenskern, die himmlische All-Kommunikation, bleibt in ihr.

Für alle grobstofflichen Lebensformen auf, über und in der Erde, so auch in den Meeren und Gewässern, gilt dasselbe: Erde zu Erde.

Auch das materielle Universum und die feinerstofflichen Universen führt der Ewige allmählich zurück, denn das Leben in Gott ist feinstofflich, ist ätherisch und absolut rein.

Jesus von Nazareth sagte sinngemäß: *„Werdet vollkommen, wie euer Vater im Himmel vollkommen ist."*

Alles, was nicht dem Ursprung, der Vollkommenheit, gleicht, atmet Gott, der Ewige, in Zyklen ein, hin zu dem Ewigen All-Sein.

Grobstoffliches wandelt Er um in Feinerstoffliches, Feinerstoffliches in Feinstoffliches.

Alles ist dann wieder feinstofflich, feinster Urstoff, komprimierter Licht-Äther.

Der unbelastbare Wesenskern – die Hoffnung führt zum ewigen Leben.

Der Sitz des reifenden Wesenskerns bei Tieren, Pflanzen und Mineralien

Alles aus Gottes Odem lebt ewig und ist eingebettet, gleich aufgenommen in den unerschöpflichen Licht-Äther. Das Leben aus Gottes Odem ist Licht aus Seinem Licht; es ist der Wesenskern, die Fülle des Seins.

Eine Frage zum Thema: Wo befindet sich der Sitz des reifenden Wesenskerns bei Tieren und des keimenden Lebens bei Pflanzen, Steinen und Mineralien?
Bei den Tieren aus Gottes Odem, die, wie schon gesagt, einen reifenden Wesenskern haben, ist der Sitz entsprechend der Entwicklung des Tieres im Gehirn; man kann auch sagen, bei so manchem Tier bereits in der Nähe der Hirnanhangsdrüse.

Wir sollten immer davon ausgehen, dass in jedem Tier gemäß seiner geistigen Entwicklung, entsprechend seinem Bewusstseinsstand, also Reifegrad, der Wesenskern ausgebildet ist.

Das keimende ewige Leben sowohl in den Kleinsttieren als auch in den Pflanzen- und Mineralreichen ist noch in Kollektive gefasst und, wie alle Bewusstseinsformen, den Evolutionszyklen zugeordnet.

Der spezifische Reifegrad ist der Bewusstseinsstand der jeweiligen Lebewesen und der Lebensformen.

Das keimende Leben hat eine göttliche Struktur, die als Partikelstruktur bezeichnet werden kann. Jeder geistige Keim wird in Partikel gefasst und entwickelt sich in der Schöpfungs-, gleich Schaffungswiege Gottes weiter zur nächsthöheren Form.

Ist der Reifegrad des keimenden Lebens so weit gediehen, dass er als Wesenskern gefasst werden kann, dann setzt sich in der entsprechenden Wesensform die Evolution gemäß dem werdenden Wesenskern fort, hin zur nächsthöheren Bewusstseinsentfaltung in den Entwicklungsebenen.

Die irdische dreidimensionale Denkweise reiht alles in Kategorien ein, so dass sich der Mensch z.B. ausmalt: Das, was ich hier als Erscheinungsform wahrnehme, muss allerorten gleich sein. Jedes Tier, jede Pflanzenart, alle Baumarten, alle Mineralien müssen, nach der Vorstellung von vielen

Menschen, überall so sein, wie sie es in ihrem Wirkungskreis beobachten.

In der siebendimensionalen Schöpfung gibt es nichts, das in Kategorien eingeteilt wäre.

Wie schon gesagt, hat jeder Lebenskeim verschieden entfaltete Bewusstseinsgrade. Deshalb kann z.B. eine Blume, ein Strauch oder eine Baumart da und dort, auch in anderen Kontinenten, eine andere Form oder gar andere Eigenschaften haben, einen ganz anderen Namen tragen und zu einer anderen Zeit blühen oder reifen. Trotzdem gehört diese Lebensform zur selben Gattung, auch wenn der Lebenskeim unterschiedliche Entwicklungsstufen aufweist.

Der Schöpfergeist, der alles Leben in Seinen Händen hält, lässt sich nicht in menschliche Kategorien einreihen.

Der Götterwahn der Menschen.
Die Manipulation an Tieren, Pflanzen
und der Natur

Wenn man jedoch an die Manipulationsprozeduren denkt, die der Mensch den Tieren und Pflanzen aufzwingt, so muss gesagt werden: Das Aussehen dermaßen künstlich veränderter Lebewesen und Lebensformen entspricht nicht dem, was der Schöpfergott dem Tier- und Pflanzenreich zugeordnet hat.

Der Mensch, der dem Götterwahn verfallen ist, hält in jeglicher Hinsicht sein Machwerk als vermeintliche Trophäe hoch.

Ob bei Genveränderungen an Tieren und Pflanzenarten oder bei willkürlichen Kreuzungen – immer erweist der Mensch sich als der Handlanger dessen, der von unten kommt. Überall macht sich der Handlanger der Unterwelt breit, auch in den Mineralreichen.

Eines jedoch ist gewiss: Niemals wird er das geistige Schöpfungsleben des ewigen Schöpfers manipulieren können.

Wenn man das Verhalten der Menschheit von gestern, also von Vorgenerationen, und das der heutigen Generation näher beleuchtet, dann ahnt man, wie weit sich die Menschheit von dem Ursprung des Lebens entfernt hat.

Obwohl das ewige Licht, die ewige Sonne des Seins, nach wie vor im Urgrund des Menschen leuchtet, sind die Zellstruktur des physischen Körpers und die geistige Partikelstruktur der Seele oftmals so sehr verschattet, dass der Sünder nur noch auf seine eigene Schattenwelt blickt und diese als real und sogar als die Realität des Lebens ansieht.

Warum greift Gott nicht ein?
Das Gesetz der Freiheit

Immer wieder wird die Frage gestellt: Warum greift Gott in dieses Tohuwabohu menschlicher Ignoranz nicht ein?

Warum lässt Gott die Manipulationen an Tieren und Natur zu?

Warum lässt Er es zu, dass Tiere gequält, gefoltert und hingemordet werden?

Warum? Weil wir Menschen nach dem Gesetz der Freiheit absolut freie Wesen sind. Gott, der Ewige, hat von Beginn Seiner Schöpfung und Schaffung an in die geistige Schöpfungswiege, das heißt bei der ersten Beatmung eines geistigen Atoms, die Freiheit in das „Es werde" gelegt.

Wer das Prinzip der Freiheit, das ein Lebensprinzip des Ewigen Seins ist, missbraucht, indem er seinen allzumenschlichen Willen zur Tat werden lässt, überantwortet sich selbst dem Kausalgesetz, das heißt „Trenne, binde und herrsche", wodurch sich Ursache und Wirkung, Saat und Ernte, ergeben.

Für uns Menschen heißt das: Für alles, was wir denken, reden und tun, das nicht dem Gesetz der Gottes- und Nächstenliebe, das die wahre Freiheit beinhaltet, entspricht, sind wir selbst verantwortlich.

Alles, was an Ungutem von uns ausgeht und nicht behoben ist, geht wieder in uns ein; das speichern unsere physischen Körperzellen und die Partikelstruktur unserer Seele.

Wer das heute nicht erkennt und so weitermacht wie bisher, gestaltet sein eigenes Schattenreich, das von unten kommt.

Derart gezeichnet, geht die Seele nach ihrer Entkörperung ins Jenseits, denn wie der Baum fällt, so bleibt er liegen. Je nach Belastung der Seele geht diese unter Umständen zu einer weiteren Menschwerdung, zu einer ihr entsprechenden Inkarnation. Der neue Mensch macht, je nach seiner Befindlichkeit, dort weiter, wo er zum Zeitpunkt des Hinscheidens seines vorhergehenden Körpers aufgehört hatte.

Liebe Mitmenschen, alle gegebenen Einblicke in das allumfassende Wirken des ewigen Schöpfergeistes sind, mit menschlichen Worten gesprochen, nicht einmal ein Tropfen im Ozean der All-Einheit.

Doch in der Seele jedes Menschen befindet sich der All-Ozean, die Essenz des Alls.

Weil die mit dreidimensional geprägten Worten wiedergegebene Darlegung des All-Seins nicht einmal ein Tropfen im All-Ozean ist, muss gesagt werden: Wer es fassen kann, der fasse es; wer es nicht so weit, wie gegeben, annehmen möchte, der lasse es. Irgendwann tut sich in der Seele das auf, was der Mensch im Urgrund seiner Seele ist: ein ätherisches Geistwesen des Alls, des Licht-Äthers, der die All-Einheit ist.

Zum Abschluss eine Erinnerung und eine Bitte: Denken Sie – denken wir alle – darüber nach, dass für jedes Stück Fleisch, das der Mensch isst, ein Tier aus der All-Familie Gottes getötet wurde.
Denken Sie auch darüber nach, dass Tiere, die ebenfalls Fleisch essen, dieses Verhalten von Energien abrufen, mit denen die Erde durchzogen ist, oder von Energien, die sie durch den Geruch der Milliarden von Menschen angenommen haben, die Tierleichenteile verzehrten und verzehren.
Wenn Sie wollen, denken Sie auch darüber nach, dass alle negativen Inhalte unseres Fühlens, Empfindens, Denkens, Sprechens und Handelns Kampfstoffe sind, die Ton, Farbe, Form und Geruch haben. Über unsere Körperdrüsen sondern wir das aus, was wir sind, auch das, was unserer Nahrungsaufnahme entspricht.

Denken wir auch darüber nach, dass der Mensch es ist, der den Tieren im Zeitlichen, also auf der Erde, seine Verhaltensweisen überträgt.
Wie man es auch sehen will: Fleischessen heißt, Tiere töten lassen.

Mögen immer mehr Menschen im Herzen erfassen und erfahren, dass die Tiere unsere Mitgeschöpfe in der großen All-Familie Gottes sind. Sie sind unsere kleinen Brüder und Schwestern, die unserer Liebe und Fürsorge bedürfen.

Ihnen, uns allen, wünschen wir die Wahrnehmung des Lebens in und um uns, die Entfaltung des Bewusstseins für die All-Einheit, den Frieden und die Erfahrung, dass im Urgrund unserer Seele ein mächtiger, allumfassender Schatz uns Licht und Kraft spendet.

Nachwort

Der unendliche, unerschöpfliche Licht-Äther, der Ur-Stoff, aus dem der Unendliche, Ewige, der Ur-Gott, schöpft und formt

Majestäten, Exzellenzen, Eminenzen, Hochwürden, Seine „Heiligkeit", der „heilige Vater" auf Erden, Kardinäle, Bischöfe, Professoren, Doktoren – und weitere eminente Titel von herausragender Bedeutung –, bemerkenswerte Persönlichkeiten, woraus sich keine unbeachtlichen Mittel ergeben.

Warum all diese Titel? Warum die sich daraus vielfach ergebenden Mittel wie Geld, Güter, Besitz und dergleichen? Warum?
Jesus von Nazareth lehrte anders. Folgende Jesu-Worte sind sinngemäß überliefert:

„Meine Ehre empfange Ich nicht von Menschen. Ich habe erkannt, dass ihr die Liebe zu Gott nicht in euch habt.
Ich Bin im Namen Meines Vaters gekommen, und doch lehnt ihr Mich ab. Wenn aber ein anderer in seinem eigenen Namen kommt, dann werdet ihr ihn anerkennen.

Wie könnt ihr zum Glauben kommen, wenn ihr eure Ehre voneinander empfangt, nicht aber die Ehre sucht, die von dem Einen Gott kommt?"

Weiter sprach Er sinngemäß:

„Wer sich nun vor den Menschen zu Mir bekennt, zu dem werde auch Ich Mich vor Meinem Vater im Himmel bekennen."

Er lehrte uns dem Sinn nach:

„Ihr aber sollt euch nicht Rabbi nennen lassen (also Priester, Pfarrer), *denn nur Einer ist euer Meister* (Christus), *ihr alle aber seid Brüder.
Auch sollt ihr niemand auf Erden euren Vater nennen; denn nur Einer ist euer Vater, der im Himmel ...
Der Größte von euch soll euer Diener sein. Denn wer sich selbst erhöht, wird erniedrigt, und wer sich selbst erniedrigt, wird erhöht werden."*

Seine Worte sind wie folgt überliefert:

„Ich Bin der Weg und die Wahrheit und das Leben; niemand kommt zum Vater außer durch Mich. Wenn ihr Mich erkannt habt, werdet ihr auch Meinem Vater erkennen."

Über Jesus von Nazareth ist auch folgende Begebenheit überliefert:

„Es kam ein Mann zu Jesus und fragte: Meister, was muss ich Gutes tun, um das ewige Leben zu gewinnen?

Er antwortete: Was fragst du Mich nach dem Guten? Nur Einer ist «der Gute». Wenn du aber das Leben erlangen willst, halte die Gebote!

Darauf fragte er Ihn: Welche? Jesus antwortete: Du sollst nicht töten, du sollst nicht die Ehe brechen, du sollst nicht stehlen, du sollst nicht falsch aussagen; ehre Vater und Mutter! Und: Du sollst deinen Nächsten lieben wie dich selbst!

Der junge Mann erwiderte ihm: Alle diese Gebote habe ich befolgt. Was fehlt mir jetzt noch?

Jesus antwortete ihm: Wenn du vollkommen sein willst, geh, verkauf deinen Besitz und gib das Geld den Armen; so wirst du einen bleibenden Schatz im Himmel haben; dann komm und folge Mir nach.

Als der junge Mann das hörte, ging er traurig weg; denn er hatte ein großes Vermögen.

Da sagte Jesus zu Seinen Jüngern: Amen, das sage Ich euch: Ein Reicher wird nur schwer in das Himmelreich kommen. Nochmals sage Ich euch: Eher geht ein Kamel durch ein Nadelöhr, als dass ein Reicher in das Reich Gottes gelangt.“

Liebe Mitmenschen, lesen Sie nicht nur Seite für Seite, sondern denken Sie mit. Lassen Sie auch das Nachwort in Ihr Bewusstsein einschwingen.

Der Licht-Äther

Der Licht-Äther ist der unerschöpfliche, allgegenwärtige Geist, die höchste Intelligenz, der Ur-Gott der Unendlichkeit.
Viele Worte für den Ewigen, den Unendlichen, und die Ewigkeit.
Im Abendland nennen die Menschen den All-Einen „Gott".
In dieser Schrift ist nicht der Kirchengott gemeint, nicht der Gott, der in Tempeln aus Stein wohnen soll – hier ist der All-Geist, das höchste, universale Licht gemeint, das allgegenwärtige Leben in Ihnen, in jedem Menschen. Es ist der All-Geist, der in allen Seinen Lebensformen und Lebewesen lebt, der alles durchströmt, der ewig ist, und den wir Menschen schlicht „Vater" nennen dürfen.

Wenn Sie wollen, denken Sie mit, und lassen Sie die Worte in Ihr Herz strömen.
Er, der All-Eine, ist der Vater aller Seiner Kinder.
Er ist der Schöpfer des wahren Seins, aller göttlichen Lebensformen, aller göttlichen Wesen.

Er ist der Vater-Mutter-Gott.
Er ist die alldurchstrahlende, ewige Liebe.
Es ist unser himmlischer Vater, der Vater aller Seiner Kinder.

Warum also die vielen Titulierungen für Menschen?
Was will dem Menschen das sagen, denn es soll doch sein, wie im Himmel, so auf Erden?

Lassen wir auch diese Worte des Lebens in uns lebendig werden:
Vater unser, der Du bist im Himmel,
geheiligt ist Dein Name.
Unser Reich kommt, Dein Wille geschieht,
wie im Himmel, so auf Erden.
Unser tägliches Brot gibst Du uns heute
und vergibst uns unsere Schuld,
wie auch wir vergeben unseren Schuldigern.
Du führst uns in der Versuchung
und erlöst uns von dem Bösen.
Denn unser ist das Reich und die Kraft
und die Herrlichkeit,
von Ewigkeit zu Ewigkeit.

Auch hier die Frage: Was will uns Menschen das Vaterunser sagen, vor allem den sogenannten „Christen" im Abendland?

Wir Menschen dürfen zu der einen All-Macht, zum All-Sein, dem ewigen Schöpfer aller reinen Formen, Vater sagen. Vater unser!

Weihen wir Gott, unserem himmlischen Vater, unser Erdendasein als Sohn und Tochter, ohne angehängte Titel, indem wir Seinen Willen tun, der in Seinen Zehn Geboten gefasst ist und in der Bergpredigt des Jesus von Nazareth, dann beginnen wir wahrhaft zu leben, denn ausschließlich auf diesem Weg erleben wir uns selbst: Dann erst wird alles in uns neu in unseren Gefühlen und Gedanken, der neue Mensch in Seinem Geiste, der Mensch im Strom des Lebens, dem ewigen Licht-Gesetz, das alles Sein, alle Kosmen, alle Lebensformen, alle Wesen umströmt und durchströmt. Es ist die Gottes- und Nächstenliebe, die unerschöpfliche Quelle des Lebens, das Sein, das Gesetz des Alls, der Odem des Lebens, ewiglich der Vater-Mutter-Gott der Liebe.

Wir Menschen haben verlernt, uns Gedanken über die Gottes- und Nächstenliebe zu machen. Vielmehr machen sich Experten Gedanken über den Atomkern. Ob Wissenschaft oder Religion, man fischt in trüben Gewässern, vor allem, was Gott anbelangt.

Alle Worte und Begriffe, die aus dem All-Gesetz Gottes gesprochen sind, sind, wie schon dargelegt, eine unzureichende Sprache aus den drei Dimensionen.

Alles, was wir über Gott und wissenschaftliche Erkenntnisse wissen, ist noch lange kein Beweis.

Alles beruht auf dem Glauben oder gar auf Hypothesen, wie es sein könnte – und eventuell doch nicht ist.

Kein Mensch kann Ihnen den Beweis erbringen, ob die Sichtsweise so ist, wie dargelegt oder geschrieben steht, auch nicht, ob es einen Gott gibt.

Ausschließlich Sie selbst können für sich selbst beweisen, was die Wahrheit ist, weil in Ihnen, im Urgrund Ihrer Seele, der ätherische All-Wesenskern ist, das Ur-Herz, der Licht-Äther, die allströmende All-Kommunikation, das Leben, gefasst im Wesenskern, und dass Sie, der Mensch, eingebettet, also umfangen sind vom Geist Gottes, dem unendlichen und unerschöpflichen Licht-Äther, der die absolute Liebe und Nächstenliebe ist.

Eine Anmerkung: Man spricht vom Glauben an die Wissenschaft und an Gott. Selten vernimmt man: Ich liebe Gott und bin täglich bestrebt, Seinen Willen zu tun.

Wenn Sie wollen, lassen Sie das, was Sie lesen, in sich hineinschwingen, in dem Bewusstsein:
Möge in Ihnen selbst die Erkenntnis reifen, dass das, was Sie lesen und bejahen können, um es zu erfüllen, Ihr Erdenleben bereichert, damit Sie selbst erahnen, dass es mehr geben muss als nur den Glauben an einen „lieben Gott".

Wenn Sie wollen, lösen Sie sich von dem „maschinellen Gedanken", der die meisten Religionen gleich stimmt, und spüren Sie in Ihr Innerstes hinein, denn die Antwort auf das, was geschrieben steht, ist in Ihnen, im Urgrund Ihrer Seele, und lassen Sie nicht los, hin und wieder zu denken, dass Gott Liebe ist.

Alles, was mit vielen Worten und Glaubenssätzen Gott beweisen soll, ist kein Beweis.

Es gibt keinen äußeren Beweis, dass Gott existiert.

Es gibt keinen äußeren Beweis für den Licht-Äther, von dem alle Universen, alle Formen und Lebewesen ihre Existenz und ihr Leben haben.

Einen Beweis gibt es allerdings: Sie selbst tragen den Beweis im Urgrund Ihrer Seele.

Jedes Wort ist einer Schale gleich: Man muss lernen, dem Inhalt näherzukommen, der *im* Wort, in der unzureichenden Sprache der drei Dimensionen enthalten ist.
Deshalb: Lesen Sie mit Herz und Verstand!

Der höchst potenzierte Licht-Äther ist das Gesetz der Unendlichkeit, ist die All-Kommunikation – wir können auch von einem All-Kommunikationsnetz sprechen, in dem alle Universen, alle Gestirne, alle göttlichen Wesen, alle Menschen und alle Lebensformen ihre Existenz haben.

Der Licht-Äther, von dem zu Beginn des Buches gesprochen wurde und von dem auch hier im Nachwort die Rede ist, ist die höchst potenzierte energetisch strömende All-Kraft, ein Energievolumen, das unerschöpflich und für uns Menschen unermesslich ist.
Für den hoch potenzierten Licht-Äther gibt es keine Worte, die die energetische Fülle nur andeutungsweise auszudrücken vermögen.
Alles, aber auch alles, ist in diesem allumfassenden, allströmenden Licht-Äther aufgenommen, gleich eingebettet.
Es ist der All-Geist, der All-Gott, auch Ur-Gott genannt, die unendliche Kraft der Liebe.

Gott ist Geist. Die ganze Unendlichkeit ist erfüllt von Seinem Geist, Seinem Gesetz, das Liebe ist.
Alles und alle sind eingebettet und durchströmt von der Liebe und Nächstenliebe, dem Licht-Äther. Der Wesenskern im Urgrund jeder Seele ist als Essenz die kosmische Liebe, ist der Ur-Gott in Ihnen, in uns allen, das Licht aus Seinem Licht.
Wenn es auch heißt: Sie, wir alle sind aus Gottes Odem, und in Ihnen ist Gott, die ewige Liebe, und auch Sie, wir alle sind durchströmt vom ewigen Ozean der Liebe, dem Licht-Äther, dem allgegenwärtigen Geist, dem Ur-Gott – so ist das noch lange kein Beweis.
In unserer Welt gibt es viele Hypothesen und Vorstellungen, was den Licht-Äther betrifft, auch Äther genannt. Doch kein Verfasser eines Buches oder einer Schrift über energetische Zusammenhänge, über Leben oder All-Einheit kann den Äther des Seins beweisen.

Außerdem hört oder liest man immer wieder von den vier Kräften in der Materie, mit unterschiedlichen wissenschaftlichen Worten.
Man hört und liest auch vom Atomkern, der auch wieder unterschiedliche Bezeichnungen hat, und darüber, was man mit Energien alles zuwege bringt.

Denken wir nur an die Atomenergie, die letzten Endes, wie alle Energien, aus der heruntertransformierten Schöpfungs- und Schaffungskraft ist und die auf brutalste Art und Weise missbraucht wird.

Man liest und hört zumeist von den vier Kräften in der Materie.
Die Energien der Materie sind nichts anderes als heruntertransformierter, verdichteter Äther.
Die Tiefe des Alls, das, was den unendlichen Licht-Äther betrifft und was dieser beinhaltet, kann ein dreidimensionales Gehirn niemals ganz und gar erfassen, schon gar nicht, wenn man dabei Gott, den All-Geist, die höchste Intelligenz, Seine Schöpfungs- und Schaffungskraft, die die Gottes- und Nächstenliebe ist, ausblendet und umwandelt in Selbstliebe, gleich Eigenliebe, in Hass, Krieg und Gräueltaten.

Man fischt letztlich in trüben Gewässern und ist der Ansicht: „Irgendwann ist alles erforscht."
Ohne die inhaltliche Substanz des Licht-Äthers, die tragende und alldurchströmende, höchst potenzierte Kraft, die Liebe, kann kein Mensch irgendetwas erreichen und schon gar nicht umfassend und in der Tiefe beweisen.

Der Licht-Äther ist nun mal höchste licht-atomare Kraft.

Sämtliche geistigen Ätheratome haben einen zentralen Kern, einen Ur-Kern, der aus der Güte, Liebe und Sanftmut besteht. Die Güte und Sanftmut des Ewigen sind gefasst in Seiner Liebe. Es sind die drei Eigenschaften Gottes, das Vater-Mutter-Prinzip, das die höchstpulsierende Kraft ist, die Liebe.

Die Gottes- und Nächstenliebe ist die Antriebskraft, die die Schöpfung und Schaffung aller göttlichen Formen initiiert. Das ist der geistige Atomkern, der Ur-Kern der Unendlichkeit. Der geistige Atomkern wird von den vier Ur-Kräften, auch Wesenheitskräften genannt, umlaufen.

Alles in allem ist das des Ur-Gottes Schöpfungs- und Schaffungsgesetz, das der strömende Licht-Äther ist.

In den unendlichen, alldurchströmenden und all-kommunikativen Licht-Äther, der auch als All-Ozean bezeichnet werden kann, ist das mächtige Reich Gottes eingebettet, so auch alle weiteren feinerstofflichen Bereiche, auch Kosmen genannt, die schon dem Fallgedanken und den abtrünnigen Wesen zugeordnet werden, ebenfalls der materielle Kosmos.

Ohne Ausnahme ist alles und sind alle Formen, Wesen und Menschen vom ewigen Licht-Äther der Unendlichkeit umgeben.

Ob wir von göttlichen Lebensformen, von Geist-wesen, von abtrünnigen Wesen oder von Tieren, Pflanzen und Menschen sprechen – alles, aber auch alles ist umgeben vom unerschöpflichen Licht-Äther der Unendlichkeit und ist vom Unend-lichen durchströmt.
Mit unseren Worten gesprochen: Alles lebt, wir alle leben, gleich bewegen uns im mächtigen Oze-an Gottes.

Der Ur-Kern ist die Antriebsenergie der Gottes- und Nächstenliebe.
Wer diese nicht ergründet, anerkennt und da-nach lebt, der wird auch niemals den Licht-Äther als das Ur-Gesetz der Unendlichkeit entschlüs-seln, den Ur-Atomkern, der umkreist ist von den vier Ur-Kräften, den Schöpfungs- und Schaffungs-kräften Gottes.

Das Ganzheitsprinzip der Ewigkeit ist der Ur-Kern, die Gottesliebe, und, wie dargelegt, die vier Ur-Kräfte, des Ewigen Schöpfungs- und Schaffungs-energien.

Die Menschheit aller Generationen hat sich nicht auf Gott, auf die Gottes- und Nächstenliebe ausgerichtet, sondern immer auf den intellektuellen Kampfstoff, auf die vier umgepolten Ur-Kräfte.

Was dabei herauskommt, das erleben wir Menschen tagtäglich. Wie dargelegt: Der Fallgedanke, die Auflösung der Schöpfung, um alles in den Äther zurückzuführen, um dann selbst zu schöpfen und zu schaffen, wurde nicht erreicht, gleich verwirklicht.

Die höchste Energie, welche die abtrünnigen Wesen mitgenommen haben, ist auf dem Nullpunkt angelangt. Sie ist weitgehend aufgebraucht.

Weil es so ist, wie es ist, degeneriert die Menschheit mehr und mehr und geht mit der noch restlich verbliebenen negativen Kraft gegen die Gottesliebe vor, gegen die Tier-, Pflanzen- und Mineralwelt. Die Tötungsmaschinerie rollt.

Man kann vom Ewigen wohl eine Handvoll ewigen Licht-Äther nehmen und eine Zeitspanne ausschließlich mit vier Kräften zu Werke gehen.

Man kann sich gegen die Gottes- und Nächstenliebe auflehnen und Seine vier Schöpfungs- und Schaffungskräfte verbrauchen, gleich heruntertransformieren.

Man kann Waffenarsenale schaffen, um zu töten. Wir können Flugzeuge, Schiffe und weitere Verkehrsmittel bauen. Wir können Atomkraftwerke schaffen. Wir können Satelliten bauen und rund um den Planeten Erde schicken. Wir versuchen, Raumgleiter zu entwerfen und zu bauen. Doch die Planeten im Weltall werden wir nicht erobern und zu Wohnplaneten machen können, denn es fehlt an der Gottes- und Nächstenliebe.

Wir können die Wesen aus dem Schöpfungsgedanken Gottes, aus Seiner Liebe, die Tiere, quälen, sie mutwillig töten, sie hinmorden und als Speisetriebfeder verzehren.

Wir können Tierversuche machen.

Wir können die Erde ausbeuten, unsere Kampfstoffe an ihr erproben. Wir können Staudämme bauen, wir können in den Fluss der Wasseradern eingreifen. Wir können Hochhäuser errichten.

Doch eines ist uns versagt: auf diese Art und Weise die dem Fall anvertrauten Energien hochzutransformieren, um damit den Licht-Äther zu erreichen, der das Leben ist.

Die Menschheit aller Generationen hat versagt.

Das Leben des All-Einen ist die Liebe zu Seiner All-Schöpfung, in der das All-Sein eingebettet ist.

Die Zeit ist gereift. Das mitgenommene göttliche Energiequantum ist weitgehend verbraucht, der Ewige nimmt das Leben zurück in die Ewigkeit.

Die Menschen aller Generationen haben die Handvoll Licht-Äther derart heruntertransformiert und auf grausame Art und Weise ausgeschöpft, so dass es für eine weitere aufgeblähte Zentrifugalkraft menschlicher Ignoranz kaum mehr reicht.

Die Wissenschaft, die, wie gesagt, in trüben Gewässern fischt, wird den besagten Ur-Kern, die Antriebskraft im Licht-Äther nicht finden, weil im Allgemeinen zum Licht-Äther keine Kommunikation besteht. Wenn keine Kommunikation besteht, dann kann auch nichts werden.

Die Menschheit aller Generationen hat mehr oder weniger die Gottes- und Nächstenliebe verworfen, weil sie den Fallgedanken liebte und liebt, die aufgeblasene Selbstliebe, die lautet: „Ich bin mir selbst der Nächste. Ich bin gottähnlich oder gar Gott selbst."

Wer für sich selbst schafft, der verliert. *So ist es*

Wer für das Höchste arbeitet, das die Liebe ist, der gewinnt, weil die Trägersubstanz allen Lebens, allen Seins, die Liebe ist – Liebe zu den Naturreichen, Liebe zu jedem Planeten, Liebe zu der

Tier- und Pflanzenwelt, Liebe zu jedem Mineral, Liebe zum Nächsten, Liebe zur ganzen Schöpfung.

Wo ist die Liebe geblieben? Im wissenschaftlichen Trieb oder gar in Steinhäusern, wo ein Kirchengott angebetet werden soll?

Liebe ist das Gesetz der Freiheit, das uns Jesus von Nazareth lehrte: *„Liebe deinen Nächsten wie dich selbst."*
Die Liebe Gottes ist die All-Einheit.
Mit Liebe ist nicht die körperliche Liebe gemeint, sondern die Gottes- und Nächstenliebe.

Die Menschheit aller Generationen versuchte, den Planeten Erde mit Brutalität zu erobern, alles, was dem Ewigen gehört, zu ihrem Eigentum zu machen. Heute ist zu erkennen: Nicht der Mensch konnte die Erde zu seinem Eigentum machen – die Erde holt den Menschen ein, der ihr Eigentum ist, Erde zu Erde.
Die Menschheit hat nicht gelernt, den Licht-Äther, der in sich die All-Einheit ist, zu der alle göttlichen Lebensformen, alles reine Sein gehört, für friedliche Zwecke einzusetzen.
Die Fallwesen und die Menschen aller Generationen hatten ihre Zeitfenster.

Die Umwandlung ist im Gange, von der Grobstofflichkeit zum Feinerstofflichen und vom Feinerstofflichen zum Feinstofflichen.

Der Ewige holt ganz allmählich, von Zeitfenster zu
Zeitfenster, die Handvoll Licht-Äther zurück.

Die Menschheit hat ihre Zeitfenster nicht genützt.
Wenn man den brodelnden, allzumenschlichen
Vulkan, die Menschheit, näher betrachtet, dann
erlebt man die Degeneration des Menschenge-
schlechtes.

Heute ist der Mensch noch Mensch, morgen eventuell schon Neandertaler. Und was dann? Wie geht
es weiter?

Wir Menschen können mit unserer dreidimensionalen Sichtweise keine Zeitangabe machen – einerlei, ob die Wissenschaft von Milliarden oder
Millionen Jahren spricht –, in der eine Evolution
stattfand, allerdings nach unten, hin zu immer
dichterer und dunklerer Masse.

Wir Menschen kennen den Begriff Äon, können
ihn jedoch nicht berechnen.

Eines ist gewiss: In dieser Handvoll Licht-Äther ist
die Essenz der All-Schöpfungs- und All-Schaffungs-
energie der Unendlichkeit enthalten, weil nun mal
alles in allem enthalten ist.

Blind, dumpf und im Aberglauben verhaftet, bewegt sich die Menschheit im „Trenne, binde und herrsche"-Prinzip.

Man kann das Ganze mit einem Treibeis vergleichen, das auf dem mächtigen All-Ozean, dem All-Äther, dem All-Sein, schwimmt. Das Treibeis, die Masse Mensch, sucht immer wieder die Anbindung an die treibenden Eisberge, die sich als Wissenschaft und Religionen ausgeben, um dort eventuell andocken zu können, um Sicherheit zu finden.

Solange der Mensch sich nicht selbst auf die Suche macht, mit den einfachsten Worten „Gott, die unendliche Liebe, in ihm; Gott in uns allen, in allen Schöpfungsformen der Naturreiche", werden weder der Mensch noch des Menschen Seele zum Licht-Äther, zur höchst potenzierten Licht-Ätherquelle gelangen, zu Gott, dem himmlischen Vater.

Liebe Mitmenschen, sicherlich interessiert Sie, was ein Wissenschaftler für dieses Buch zusammengestellt hat, was er über die Entstehung der Erde berichtet.

Eventuell können Sie so manches daraus lesen und sich irgendwo in einem Satz zurechtfinden, in dem Bewusstsein:

Sie, wir alle bewegen uns – symbolisch gesprochen – in dem mächtigen Ozean des unerschöpflichen ewigen Licht-Äthers, des ewigen Gottes, der ewigen Intelligenz, der Schöpferkraft, den wir als Seine Söhne und Töchter „Vater" nennen dürfen.

Wenn Sie von der Erdgeschichte lesen, dann denken Sie an das Schöpfungs- und Schaffungswerk Gottes. In einer Handvoll Licht-Äther ist alles in allem enthalten.

Die Menschheit aller Generationen hat die Chancen vertan. Die Fallenergie ist weitgehend verbraucht; es gibt nur noch eines: das Hin zu dem All-Einen.

Die Entstehung der Erde
nach dem heutigen Stand
der Wissenschaft

Die Kenntnisse der Wissenschaft unterliegen der ständigen Veränderung und Erweiterung. Die Wissenschaft heute ist mit Sicherheit weit davon entfernt, alle Zusammenhänge im materiellen Universum entschlüsseln zu können. Dies gilt auch für das Wissen um die Entstehung der Erde. Die Wissenschaft hat aber in den vergangenen Jahren und Jahrzehnten viele neue Erkenntnisse hervorgebracht, die, bei aller Vorsicht hinsichtlich der Tragfähigkeit der einzelnen Aussagen, doch viele Details enthalten, die eine Evolution vom sogenannten „Urknall" bis heute beschreiben, welche entfernt an die in diesem Buch geschilderte Wahrheit über das Ewige Sein und die Entstehung der rein geistigen Welten erinnert.

Wie wir gehört haben, besteht das materielle Universum – im Gegensatz zu dem feinstofflichen Universum und auch zu dem feinerstofflichen Universum – aus der am stärksten verdichteten und heruntertransformierten Energie. Alles, was im materiellen Universum geschieht, ist deshalb an die drei Dimensionen gebunden. Deshalb sind alle möglichen Erscheinungsformen und Vorgänge mit den Vorgängen im reinen Sein, das siebendimensional ist, nicht unmittelbar vergleichbar.

Trotzdem ist erkennbar, dass – ähnlich wie dort – auch im materiellen Universum eine Evolution in Zyklen und Rhythmen stattfindet, von den Ur-Anfängen zu immer komplexeren und differenzierteren Formen, vom materiellen Ur-Anfang über die Entstehung von Gestirnen bis hin zu allen Lebensformen, von den Mineralien über die Pflanzen und die Tiere bis hin zum Menschen.

Sie werden immer wieder Parallelen entdecken und vielleicht den Schluss ziehen, dass der Bauplan des materiellen Universums, wie er sich nach den Fall-Vorstellungen der abtrünnigen Wesen gebildet hat, nichts anderes ist als ein schwacher Abglanz des Schöpfungsplanes der All-Intelligenz, Gott, im reinen Sein. In der dreidimensionalen Welt ist von der Schönheit und Vollkommenheit der ewigen Schöpfung nur wenig geblieben, das noch von dem Restquantum der von den abtrünnigen Wesen mitgenommenen Handvoll Licht-Äther erhalten wird.

Wie in diesem dreidimensionalen Bereich die Erde entstand, erklärt ein Wissenschaftler aus der Sicht der Wissenschaft nach dem heutigen Stand so:

Die Geschichte der Erde lässt sich in vier große Zeitepochen einteilen, nämlich die Urzeit/ Frühzeit der Erde, das Erdaltertum, das Erdmittelalter und die Erdneuzeit. Die einzelnen Zeitepochen werden von Geologen dann noch weiter unterteilt.

Die Urzeit / Frühzeit der Erde

Vor etwa 4,6 Mrd. Jahren entstand unser Sonnensystem, einschließlich der Erde aus einer sich zusammenziehenden Gas- und Staubwolke. Einige 10 Mio. Jahre später entstand auch der Mond. Man vermutet, dass er aus den Trümmern einer Kollision des Kleinplaneten Theia mit der Erde entstand. Im Zeitraum von rund 4,1 bis 3,8 Mrd. Jahren schlugen sehr häufig Meteoriten auf Erde und Mond ein, so dass sich erst vor 3,8 Mrd. Jahren eine dauerhafte, zunächst dünne Erdkruste bilden konnte. Die aus der Erde aufsteigenden Gase bildeten eine dichte Atmosphäre, die zum Großteil aus Wasserdampf und Kohlendioxid bestand. Durch die Kondensation des Wasserdampfes kam es dann zur Bildung der Ozeane.
Die Frühzeit der Erde nennt man auch das Präkambrium, und sie umfasst den Zeitraum von der Entstehung der Erde bis vor 545 Mio. Jahren. Die früheste Phase umfasst also einen sehr langen

Zeitraum, rund vier Fünftel der gesamten Erdge-schichte. Es gibt auf der Erde noch Gesteinskom-plexe, die mehr als 3 Mrd. Jahre alt sind. Solche Gesteinskomplexe sind in allen Kontinenten nach-weisbar, sie werden als „alte Schilde" bezeichnet und bilden die jeweils ältesten Kontinentkerne, um die herum sich alle jüngeren Gebirge anlager-ten. In der Frühzeit der Erde war die Plattentekto-nik noch viel intensiver als heute, d.h. es kam zu einer starken Verschiebung und Wanderung der Erdplatten, wodurch zahlreiche Gebirge entstan-den und auch verschwanden.

Interessanterweise ändert sich die Verteilung der Kontinente und Ozeane alle 200 bis 300 Mio. Jahre in der Erdgeschichte. Etwa genauso lange benö-tigt unser Sonnensystem auch für einen Umlauf um das Zentrum der Milchstraße.
Man ist sich heute einigermaßen sicher, dass vor rund 3,5 Mrd. Jahren bereits Mikroorganismen, so-genannte Cyanobakterien auf der Erde lebten. Es gibt noch heute bis zu 3,5 Mrd. alte steinartige, pilzförmige Strukturen, die man Stromatolithen nennt und die von diesen Bakterien gebildet wurden. In der damaligen Erdatmosphäre gab es noch keinen Sauerstoff. Die Cyanobakterien erfan-den wohl die Fotosynthese und konnten mit Hilfe

von Sonnenlicht aus Wasser und Kohlendioxid organische Stoffe aufbauen. Die ersten Bakterien hatten noch keinen Zellkern. Die Erbsubstanz, die DNA, lag frei in ihrem Zellinneren vor. Es gab auch noch keine komplizierten inneren Strukturen, sogenannte Organellen. Mindestens 1 Mrd. Jahre existieren nur diese relativ einfachen Einzeller ohne Zellkern auf der Erde. Sie bildeten sozusagen die Vorhut des Lebens. Insgesamt blieben die Einzeller über drei Mrd. Jahre hinweg die einzigen Lebewesen auf der Erde. Mehrzellige Lebewesen gibt es erst seit rund 800 bis 900 Mio. Jahren.

Im Lauf der Jahrmillionen kam es zu einer langsamen Anreicherung von Sauerstoff in der Atmosphäre. Viele Einzeller konnten mit dem Sauerstoff nichts anfangen, er war sogar ein Zellgift. Man könnte von einer „Sauerstoffkatastrophe" sprechen. Einigen Einzellern gelang es, mit Sauerstoff zurecht zu kommen und ihn dann für die Energiegewinnung zu nutzen. Die ältesten bekannten höher entwickelten Zellen sind rund 1,8 Mrd. Jahre alt. In der Frühzeit der Erde kam es auch immer wieder zu gewaltigen Eiszeiten, bei der die Erde praktisch komplett von Eis bedeckt war. Man verwendet in diesem Zusammenhang die Bezeichnung „Schneeball Erde".

Vor etwa 580 Mio. Jahren scheint es zu einer Stabilisierung des Klimas gekommen zu sein. Gegen Ende der Erdfrühzeit tauchten eigenartige Lebewesen auf der Erde auf, die, wie man aus Fossilienfunde weiß, wie kleine Luftmatratzen oder auch Farnblätter aussahen. Diese frühen Lebewesen müssen sich zunächst sehr gut entwickelt haben, da sie noch keine Fressfeinde hatten.

In der Übergangszeit zum Erdaltertum kam es dann zum Auftreten von ganz bizarren Tierformen, die von Geologen als „irre Wundertiere" bezeichnet werden. Diese Tierformen haben eine gewisse Ähnlichkeit mit Gliederfüßern und hatten ein bedrohliches Aussehen, z.B. mit kreissägenartigen Mündern, mit fünf Augen im Kopf und mit an Stielen beweglichen Zangen.

Das Erdaltertum

Diese zweite Ära der Erde begann vor 545 Mio. Jahren und endete vor 251 Mio. Jahren.
Das Erdaltertum wird aufgrund der Entwicklung der Organismen in sechs Systeme gegliedert, die mit eigenen Namen versehen wurden: Kambrium, Ordovizium und Silur, Devon, Karbon und schließlich Perm.

Im Kambrium (545-495 Mio. Jahre), also zum Beginn des Erdaltertums, kam es zu einer plötzlichen Explosion von Lebensformen auf der Erde. „Plötzlich" kann in der Geologie durchaus ein Zeitraum von 5-10 Mio. Jahren sein. Wichtige Leitfossilien im Kambrium sind die Trilobiten, die die Erde über viele Mio. Jahre bevölkerten. Das Leben existierte zunächst nur im Meer.

Erst in der Zeit des Silur (443-417 Mio. Jahre) kam es zur Eroberung des Festlandes. Die silurischen Pflanzen hatten noch ganz kleine „Blätter", die eher wie Dornen aussahen. Sie sahen im Vergleich mit modernen Pflanzen ziemlich nackt aus, weshalb sie auch als Nacktpflanzen bezeichnet werden. Erstmals traten in dieser Zeitepoche sogar Fische mit Kiefern auf; außerdem fand man Fossilien von riesigen krebsähnlichen Tieren, die bis zu zwei Meter lang werden konnten und damit die größten Gliederfüßer waren, die je auf der Erde gelebt haben.

Im Devon (417-358 Mio. Jahre) bildete sich wohl aus der Kiemenatmung der Fische allmählich die Lungenatmung der Landwirbeltiere heraus. Deshalb entstanden im Devon die ersten Amphibien, die sowohl im Wasser als auch auf dem Land leben konnten. In den damaligen Meeren lebten auch schon richtige Fische, von denen manche aussahen wie unsere heutigen Rochen.

Gegen Ende des Devons kam es zu einem Massenaussterben, wahrscheinlich durch Abkühlung des Klimas. Auf das Devon folgte das Karbon (358–296 Mio. Jahre) – das Steinkohle-Zeitalter. Es war damals wohl ziemlich heiß auf der Erde und es kam zu einem üppigen Pflanzenwachstum. Die Amphibien wuchsen manchmal zu Riesenformen heran, bis zu fünf Meter Länge, und es gab Riesenlibellen mit 60 cm Flügelspannweite.

Den letzten Zeitabschnitt im Zeitaltertum nennt man Perm (296–251 Mio. Jahre). In dieser Zeitepoche traten vermehrt große Schachtelhalme und Nadelbäume auf, da das Klima insgesamt trockener wurde. Im Perm entstanden wichtige Salzlagerstätten, die man z.B. in Norddeutschland heute noch abbaut. Im Perm trat erstmals eine bestimmte Saurierart auf, mit einem langen Segel auf dem Rücken. Am Ende des Perms kam es zum bisher größten Massenaussterben der gesamten Erdgeschichte, dem 75 bis 90 Prozent aller Tierarten zum Opfer fielen.

Das Erdmittelalter (251–65 Mio. Jahre)

Das Erdmittelalter begann vor etwa 250 Mio. Jahren und bildete für die Lebewesen nach dem schlimmsten Massensterben aller Zeiten eine Art Neubeginn. Die gesamte Landmasse war in dieser Zeit ein einziger Superkontinent, den wir unter der Bezeichnung Pangäa kennen. Die Landtierarten konnten sich daher praktisch auf dem gesamten Festland ausbreiten, was man an den Fossilienfunden aus der Zeit sehr gut erkennen kann. Das Klima war meist heiß und trocken.

Im Trias traten die ersten Säugetiere auf, vermutlich kleine spitzmausähnliche Tiere. Auch Schildkröten und Krokodile haben ihren Ursprung in dieser Zeitepoche. Neue Saurierformen traten auf der Erde auf. In der späten Trias waren die Dinosaurier bereits recht erfolgreich und hatten die anderen Tierarten weitgehend verdrängt. Insgesamt dominierten die Dinosaurier für gut 150 Mio. Jahre die Kontinente. Die Vögel bilden die einzige heute noch lebende Entwicklungslinie der Dinosaurier und sind aus Sicht der Evolutionsbiologie am engsten mit den Krokodilen verwandt.

In der Pflanzenwelt entwickelten sich verstärkt die Samenpflanzen. Gegen Ende dieser Zeitepoche gab es die ersten Vorläufer der Blütenpflanzen.

Mehrfach bildete sich in dem großen Kontinent Pangäa ein Flachmeer, weshalb man heute im Muschelkalk sehr viele Fossilien finden kann. Das zweite Zeitalter des Erdmittelalters heißt Jura. Im Jura kam es zu einem Zerfall von Pangäa. Im Jura und in der nachfolgenden Kreidezeit erlebten die Dinosaurier ihre große Blüte, wobei im späten Jura die größten Dinosaurier aller Zeiten auftraten. Außerdem entwickelten sich im späten Jura die ersten Urvögel. In der Pflanzenwelt des Jura waren Nacktsamer wie Nadelbäume, Ginkgobäume und Palmfarne weit verbreitet. Die Ammoniten (schneckenähnliche Lebewesen) erreichten im Jura ihre größte Artenvielfalt, da es zahlreiche warme Flachmeere gab. Solche Ammoniten findet man heute sehr häufig als Fossilien in Kalksteinen.

Die Kreidezeit begann 145 Mio. Jahre vor der Gegenwart und dauerte rund 80 Mio. Jahre. Sie endete mit dem Aussterben der Dinosaurier vor 65 Mio. Jahren. In der Kreidezeit kam es bereits zu einer deutlichen Trennung der Kontinente, und die Erde begann, die Kontinentverteilung anzunehmen, wie wir sie heute kennen. Der Meeresspiegel in der Kreidezeit war sehr viel höher als in der Gegenwart, so dass flache Meere große Teile der Kontinente überfluteten. Der Meeresspiegel dürfte rund 200 Meter über dem heutigen Pegelstand gelegen haben. Mit der Entwicklung der Blütenpflanzen traten auch vermehrt Insekten auf. Die Kreidezeit war die Blütezeit der Dinosaurier; Säugetiere spielten eine noch untergeordnete Rolle. Die Säugetiere spalteten sich in zwei große Entwicklungslinien auf: die Beuteltiere und die Plazentatiere. In Australien und Südamerika entwickelten die Beuteltiere, z.B. Kängurus, Koalas, Opossums, eine große Artenvielfalt.

Die Kreidezeit und mit ihr das Erdmittelalter endeten 65 Mio. Jahre vor der Gegenwart mit einem großen Massensterben. Es bedeutete das Ende für die seit 150 Mio. Jahren lebenden Dinosaurier. Auch die meisten Lebewesen im Meer starben durch diese Katastrophe, die man auf den Einschlag eines Asteroiden zurückführt, der vermutlich einen Durchmesser von etwa 10 km hatte. Die Energie dieses Einschlags muss absolut gigantisch gewesen sein, sie war vermutlich etwa 10.000 bis 100.000-mal größer als die Gesamtenergie aller existierenden Atomwaffen. Genau berechnen lässt sich das allerdings nicht. Über lange Zeit war die Erde durch Vulkanasche und Staub verhüllt, es war dunkel und kalt auf der Erde, und die Fotosynthese der Pflanzen kam weitgehend zum Erliegen.

Die Erdneuzeit (65 Mio. bis heute)

Das sogenannte Tertiär begann vor etwa 65 Mio. Jahren und endete vor 2,6 Mio. Jahren. Im Tertiär bewegten sich die Kontinente fast bis an ihre heutige Position. Das Klima war zunächst noch tropisch warm, kühlte dann in der zweiten Hälfte des Tertiärs sehr stark ab und ging in eine Eiszeit über. Im Tertiär brach die Blütezeit der Säugetiere an, die sich in zahlreiche Entwicklungslinien aufzweigten. Die Gattung Mensch trat etwa vor 2,5 Mio. Jahren auf der Erde auf; vorher muss es sogenannte menschenähnliche Wesen gegeben haben. Die Meinungen darüber in der Wissenschaft ändern sich aber ständig.

Auf das Tertiär folgte das Quartär, das Zeitalter der Eiszeit und des Menschen. Der Beginn des Quartärs war vor 2,6 Mio. Jahren. Der Meeresspiegel lag auf dem Höhepunkt der letzten Vereisung um etwa 120 Meter niedriger als heute. Die Winter in Europa müssen sehr frostig gewesen sein, da der Golfstrom fast zum Erliegen kam.
Im Quartär gab es sehr viele große Säugetierarten, eine sogenannte Megafauna, z.B. Mammuts, Riesenkängurus, Riesenkamele, große Wölfe, Elefanten, große Riesenfaultiere und Riesengürteltiere.

Viele dieser großen Arten starben allerdings mit dem Beginn einer Zwischenwarmzeit wieder aus, so dass von den großen Säugetierarten nur noch Elefanten, Nashörner und Flusspferde am Leben sind.

Die ersten Arten der Gattung „Homo" dürften vor rund 2 Mio. Jahren in Ostafrika gelebt haben. Vor 200.000 bis 130.000 Jahren lebten die Neandertaler. Den sogenannten modernen Menschen – Homo sapiens – gibt es seit ca. 100.000 Jahren.

Ein Appell

In dem vorliegenden Buch werden wir schrittweise zu einem tieferen Verständnis der allumfassenden redenden All-Einheit geführt. Je mehr wir den Ausführungen folgen und die in den Texten des Lehr- und Lernbuches enthaltenen Übungen selbst nachvollziehen, desto tiefer erschließt sich in uns das Bewusstsein der kosmischen Kommunikation der Einheit allen Seins. Wir lernen aber auch, uns hineinzufühlen in die Mineral-, Pflanzen- und insbesondere in die Tierwelt.

Die Tiere in ihrer Vielfalt, die mit ihrem unbelasteten Wesen die Erde beleben, die sich wie alle Lebensformen Wachstum und Gedeihen, körperliche Unversehrtheit, aber auch Glück und Frieden wünschen, leiden unsäglich unter der Willkür des Menschen. Gerade wenn wir die Tiere in unseren Herzen mehr und mehr zu erfassen lernen, dann erkennen wir umso mehr, wie grausam es ist, wenn wir Menschen die Tiere als Nutzobjekte misshandeln. Tiere werden ihres natürlichen Lebensraumes beraubt und eingesperrt, sie werden in unnatürlichen Verhältnissen gefangen gehalten. Sie fristen ihr Dasein oftmals in dunklen Verliesen, andere werden gejagt, gefischt, erschlagen, gehäutet, erstochen und niedergeknallt oder in Experimenten gequält, verunstaltet und misshandelt. So, wie Menschen nach Kriegen in Gefangenschaft gehalten werden, so führt der Mensch Krieg gegen die Tiere, als wären sie seine Feinde. Diese grausamen Handlungen, zu denen der Mensch fähig ist, vollzieht er an seinen Mitgeschöpfen. Betrachten wir all dies vor dem Hintergrund der redenden All-Einheit, des Wortes des Universalen Schöpfergeistes, dann ist es ein unfassbares Verbrechen gegen das Leben, gegen die Tierwelt, die in unserem Innersten ein Teil von uns ist.

Doch auch in dem globalen Zusammenspiel der Menschen und Völker untereinander wird unablässig gegen das Gesetz der Einheit verstoßen. Während tagtäglich Menschen verhungern, werden in den Wohlstandsländern z.B. Enten gestopft, um ihre erkrankten, verfetteten Lebern dem Genussmenschen als Gaumenschmaus auf dekadenten Tafeln feilzubieten. Jeden Tag sterben Kinder an Hunger. Sie leiden unendlich, bis der Hungertod eintritt, während die überreich gedeckten Tische der Menschen in den Industrieländern mit Leichenteilen aus allen Naturreichen überladen sind. Es ist ein barbarisches Szenario, dessen Grausamkeit nicht in vollem Umfang geschildert werden kann.

Es ist ein milliardenfaches Leid der Tiere – einzig für die Mägen der übersatten Menschen, denen es offensichtlich leicht fällt, bei ihren Festmahlen die leidvollen Augen der hungernden Kinder mit ihren unterernährten Körpern zu ignorieren.

Menschen, die es täglich mit ihrem Gewissen vereinbaren können, überzüchtete Tiere ohne Skrupel in unwürdigen Verhältnissen einzupferchen, sie mit dem Getreide vollzustopfen, das den hungernden Kindern vorenthalten wird, nur um diese Tiere dann brutal zu schlachten und aufzuessen, haben das verbindende Mitfühlen verlernt.

Deshalb, liebe Mitmenschen, der Appell an Sie: Lassen Sie, wir alle, die Worte tief in unser Wesen einfließen, und vergegenwärtigen wir uns den immerwährenden großen Geist, der unermüdlich wirkt und zu uns spricht in der redenden All-Einheit. Dann finden wir zum Frieden in uns, zum Frieden mit der Schöpfung und zu der Gerechtigkeit gegenüber unseren Mitmenschen, die auch das Teilen und die gegenseitige Fürsorge beinhaltet.

Schauen wir nicht weg vor dem unendlichen Leid der hungernden Menschen und der geknechteten Tiere.

Blicken wir in die Hilfe suchenden Kinderaugen, denn sie hoffen auf Gerechtigkeit und Güte.

Blicken wir auch in die Augen der Tiere – ihr Blick ist der Ruf an uns, in ihnen unsere kleinen Tiergeschwister zu erkennen, die uns Freund sein wollen und die zu uns hochblicken möchten in der Verbundenheit des kosmischen Seins, als kleine Geschwister zu ihren großen Geschwistern, die alle Kinder der redenden All-Einheit sind, Geschöpfe des Seins, Wesen aus Gott.

Wir alle sind Kinder Gottes.

*Zur Selbstbetrachtung
und Selbstbesinnung.*

*Barmherzigkeit wäre der Reichtum
unserer Seele.*

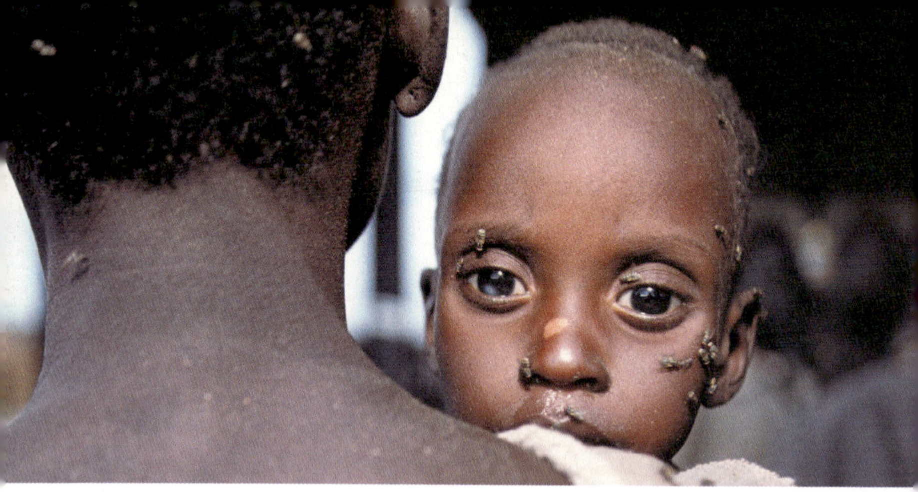

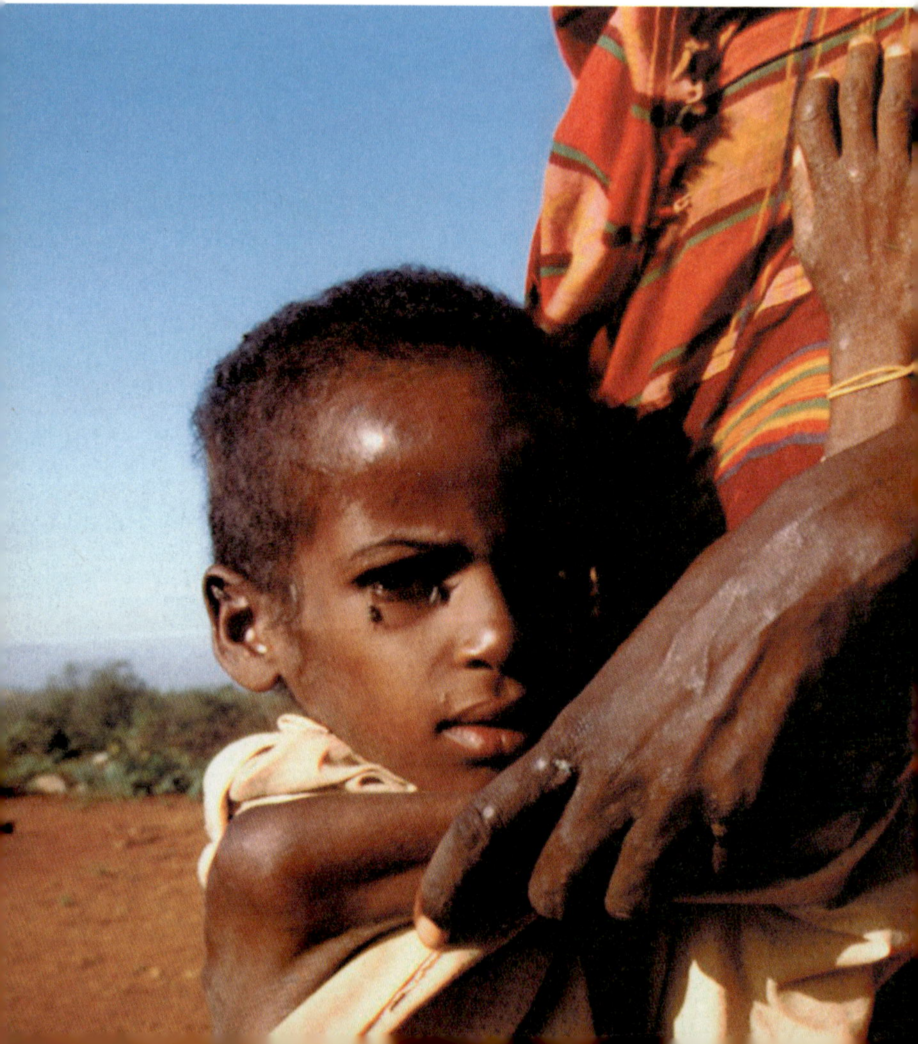

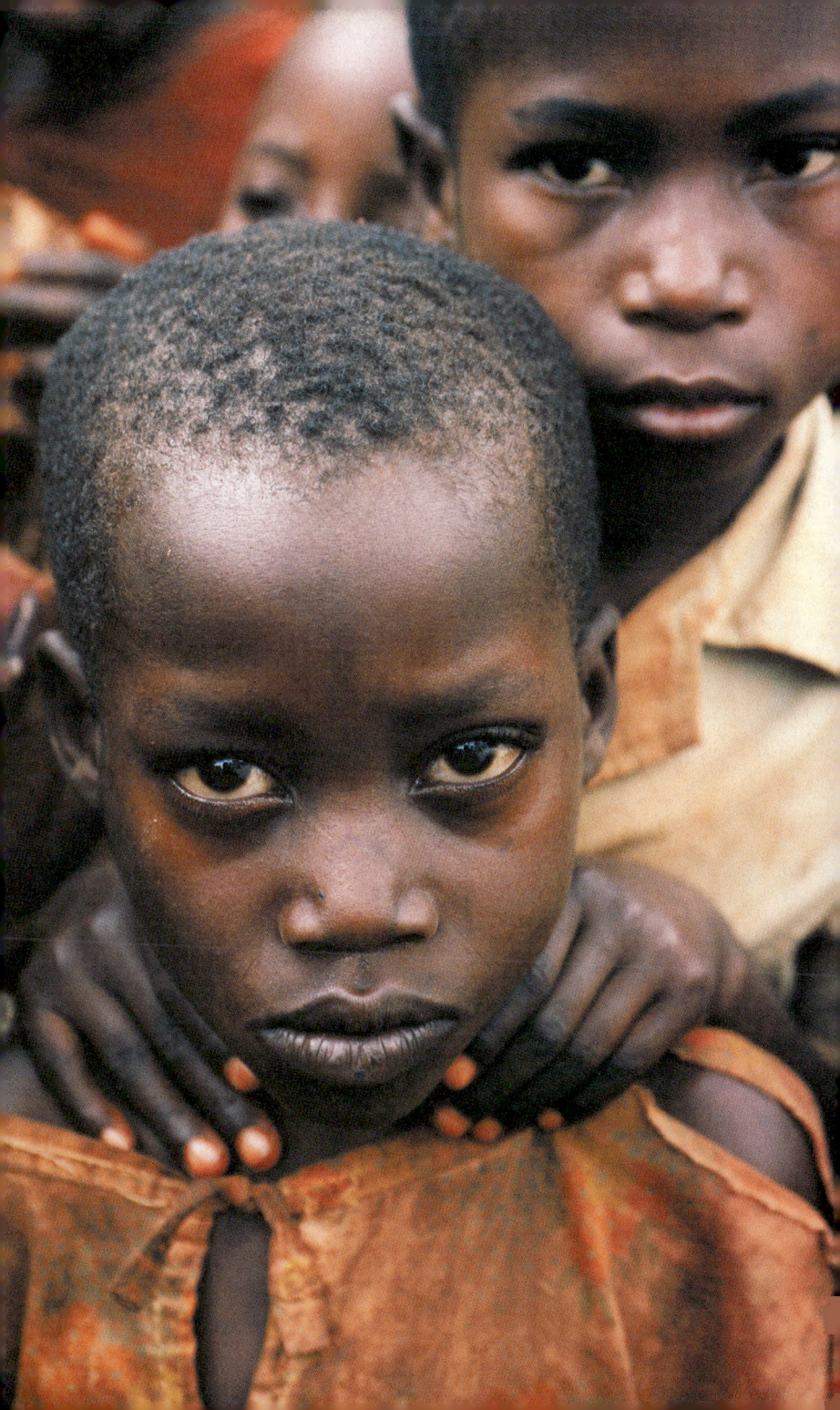

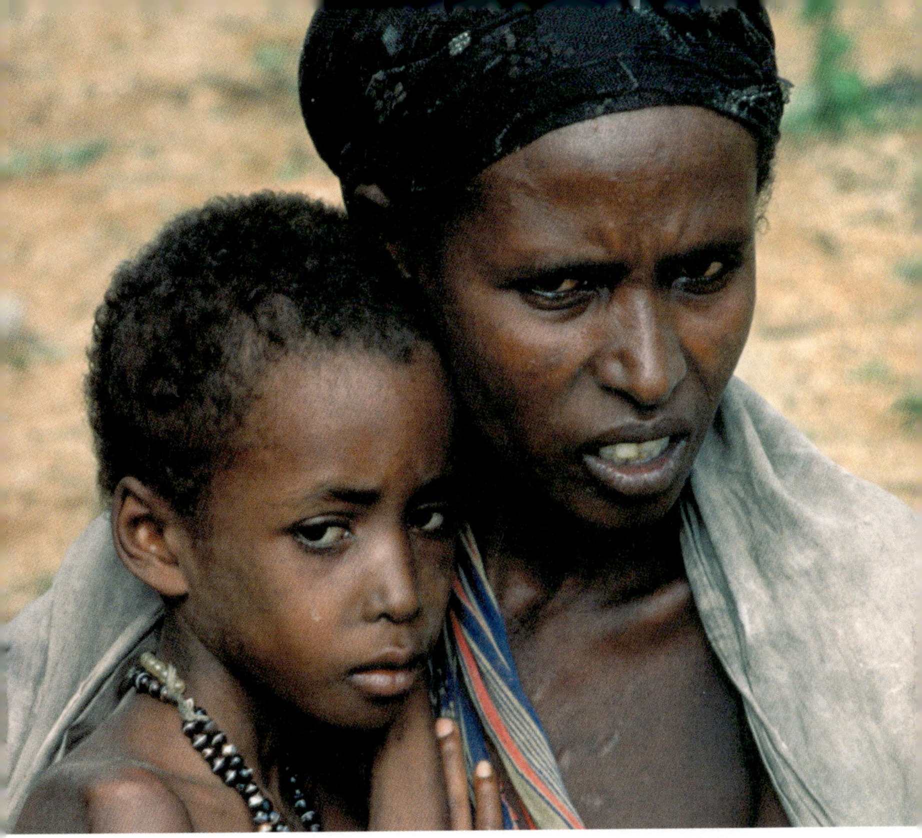

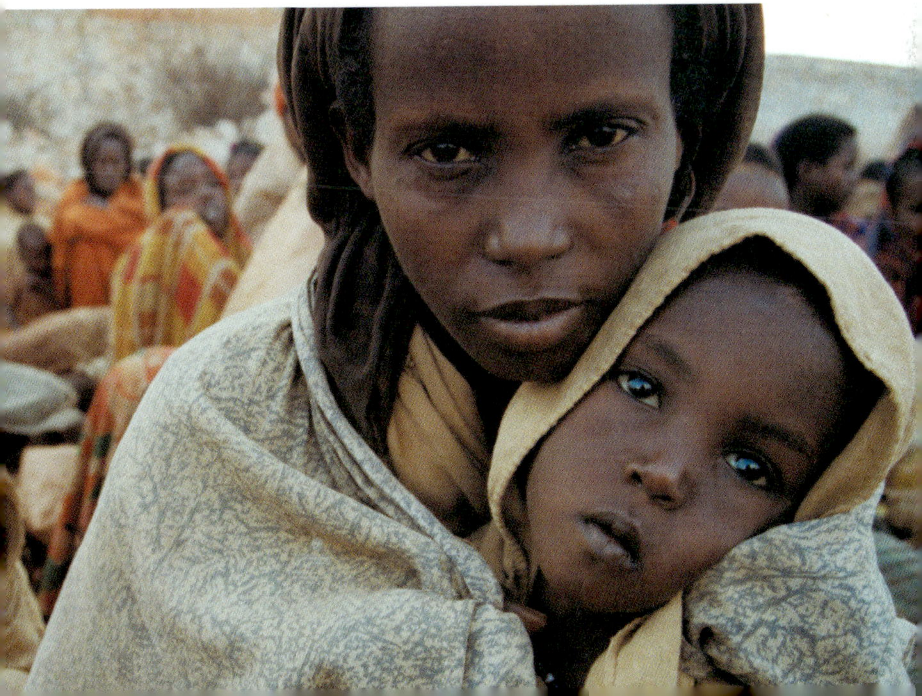

Halten wir kurz inne.

Wer oder was
spricht zu uns?

**Ich bin als Kraft und Licht
in Deiner Seele.**

Zur virtuellen Betrachtung

Die Tiere und Pflanzen, die Sie auf den
folgenden Seiten sehen, leben auf dem
Land des Friedens, das die
Internationale Gabriele-Stiftung
im Herzen Deutschlands aufbaut.

Ich bin als Kraft und Licht
in Deiner Seele.

Ich bin als Kraft und Licht
in Deiner Seele.

Ich bin als Kraft und Licht
in Deiner Seele.

Ich bin als Kraft und Licht
in Deiner Seele.

Ich bin als Kraft und Licht
in Deiner Seele.

Ich bin als Kraft und Licht
in Deiner Seele.

Ich bin als Kraft und Licht
in Deiner Seele.

Ich bin als Kraft und Licht
in Deiner Seele.

Ich bin als Kraft und Licht
in Deiner Seele.

Ich bin als Kraft und Licht
in Deiner Seele.

INTERNATIONALE

GABRIELE-STIFTUNG

Die Internationale Gabriele-Stiftung
Die Symbiose von Mensch, Natur und Tieren

Der Mensch hat viel Leid über die Erde und seine Bewohner, die Tiere, gebracht. Durch Ausbeutung und Vergiftung der Böden, durch barbarische Tierversuche und nicht zuletzt durch seine Essgewohnheiten. Milliarden Tiere fallen jedes Jahr der Gaumenlust des Menschen zum Opfer. Die Internationale Gabriele-Stiftung, gegründet von Gabriele, der Prophetin und Botschafterin Gottes in unserer Zeit, wirkt diesem Leid entgegen und setzt sich weltweit für die Wiedergutmachung an Natur und Tieren ein.

Das Land des Friedens

Auf dem Land des Friedens, das die Internationale Gabriele-Stiftung im Herzen Deutschlands aufbaut, haben Tiere und Menschen das gleiche Lebensrecht. Schafe, Rinder oder Gänse dürfen in Würde alt werden. Frei lebende Tiere wie Rehe, Hasen oder Vögel erhalten wieder ihren ursprünglichen Lebensraum zurück. In wenigen Jahren ist ein Biotopverbund von überwältigender Schönheit entstanden: Waldstücke, Feuchtbiotope, Wiesen und Streuobstwiesen liegen malerisch in einer hügeligen Landschaft, verbunden durch kilometerlange Heckenzüge, in denen Wildtiere Schutz und Nahrung finden. Gemäß der Goldenen Regel des Jesus von Nazareth „Was ihr wollt, dass andere euch tun sollen, das tut ihr ihnen zuerst" werden Tiere vor dem Schlächter gerettet, um ihnen ein Leben in Würde zu ermöglichen. Denn genau wie Hunde und Katzen eine innige und tiefe Freundschaft zu uns Menschen aufbauen können, möchten alle Tiere mit uns in Frieden und Einheit leben.

Der Beginn einer neuen Zeit!

Noch ist das Land des Friedens klein, und viele Tiere warten auf Zuzug. Menschen in aller Welt, die ein Herz für Tiere haben, wirken mit, dass das Land des Friedens, die Symbiose von Mensch, Natur und Tieren weiter wachsen kann. Viele Einrichtungen konnten durch die Mithilfe vieler Förderer in den letzten Jahren geschaffen werden, z.B. eine Auffang- und Pflegestation für Tiere, sowie das Seniorenparadies „Helfende Hände für Tiere", in dem betagte Tiere ihren Lebensabend in Würde verbringen können.

Das Beispiel des Landes des Friedens setzt sich fort. In vielen Ländern der Erde, besonders in Afrika, beginnen Menschen, nach dem Vorbild des Landes des Friedens in Deutschland einen neuen Umgang mit der Natur und den Tieren zu praktizieren. Es ist der Beginn einer neuen Zeit.

Helfen Sie mit? Die Tiere danken es Ihnen!

Gerne senden wir Ihnen eine umfassende Farbbroschüre über die Ziele und Aktivitäten der Internationalen Gabriele-Stiftung, sowie über die Möglichkeiten, Tier-Patenschaften zu übernehmen, zu.

Internationale Gabriele-Stiftung

Das Saamlinische Werk
der Nächstenliebe

Die Symbiose von Mensch,
Natur und Tieren,
das Land des Friedens.

INTERNATIONALE GABRIELE - STIFTUNG

Max-Braun-Str. 2, 97828 Marktheidenfeld, Tel. +49/(0)9391/504-427
Spendenkonto 20 62 88, BLZ 673 900 00, Volksbank Main-Tauber

www.internationale-gabriele-stiftung.de

Das Zentrum des freien Geistes

Die Sophia Bibliothek
für alle Kulturen weltweit
Das Wort in Schrift, Ton und Bild

Mit Informationszentrum
für alle Bereiche des Lebens

Nehmen Sie sich etwas Zeit,
und genießen Sie das einzigartige Ambiente
der Sophia Bibliothek, um sich über
das Wort des freien Geistes zu informieren.
Bücher, CDs und DVDs stehen
in vielen Sprachen zur Verfügung.

Sophia
Bibliothek

DAS ZENTRUM DES FREIEN GEISTES
DIE SOPHIA-BIBLIOTHEK
FÜR ALLE KULTUREN WELTWEIT
DAS WORT IN SCHRIFT, TON UND BILD

*I*n der Sophia Bibliothek - dem Zentrum des freien Geistes - erhalten Sie einen umfassenden Einblick in das Lebenswerk von Gabriele, der Botschafterin des Reiches Gottes in unserer Zeit.

An zahlreichen Informationsinseln haben Sie die Möglichkeit, sich über alle Lebensbereiche in vielen Sprachen zu informieren: in Schrift, Ton und Bild.

In die Sophia Bibliothek sind eine Buchhandlung, eine Leih-Bibliothek und ein Antiquariat integriert.

Ebenso finden hier regelmäßig Konzerte und Veranstaltungen statt.

Nähere Informationen unter Tel. +49(0)9391/504137.

Täglich geöffnet.

97828 Marktheidenfeld, Gewerbegebiet Altfeld
Max-Braun-Str. 2
unterhalb des Einkaufslandes International

Lesen Sie auch ...

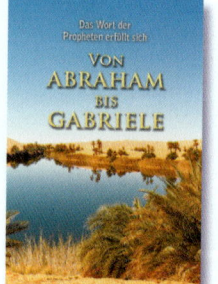

Eine Biographie von Matthias Holzbauer

Die Gesandte des Christus Gottes, Seine Prophetin der Jetztzeit, Gabriele

„Noch vieles habe Ich euch zu sagen, aber ihr könnt es jetzt nicht tragen. Wenn aber jener kommt, der Geist der Wahrheit, wird Er euch in die ganze Wahrheit führen."

Gabriele ist der lebende Beweis dafür, dass Gott sich auch heute, in unserer Zeit, nicht den Mund verbieten lässt. Denn der freie Geist weht, wo Er will. Sie ist der Beweis dafür, dass Gott, unser aller Vater, Seine Kinder liebt. Er lässt uns nicht alleine - auch nicht in einer Zeit der Umwälzungen und Katastrophen, in die wir Menschen uns selbst hineinmanövriert haben.

Lesen Sie die Biographie einer Frau aus dem Volke, an die der Ruf Gottes erging, Ihm als Dolmetscherin Seines Wortes, als Prophetin zu dienen.

Inklusive 2 CDs: CD 1: „Tiefenatmung" und „Verweile in Dir", 2 Meditationen
CD 2: „Den einen Gott verschmäht ihr und glaubt an die ewige Verdammnis. Ich Bin der Gott der Liebe" - Gottesoffenbarung

316 S., geb., Best.-Nr. S 550. ISBN 978-3-89201-332-7. Euro 19,80

Martin Kübli

Das Wort der Propheten erfüllt sich

Von Abraham bis Gabriele

In einem großen Bogen beleuchtet der Autor das Gotteswort, das uns, ununterbrochen durch alle Jahrtausende hindurch, den großen Gottesplan erkennen lässt: Die Rückkehr aller gefallenen Wesen ins ewige Vaterhaus - von Abraham vor rund 4000 Jahren bis Gabriele heute. Das Wort der Propheten erfüllt sich - allen Anfeindungen seitens der Priesterreligionen zum Trotz.

Aus dem Inhalt: Durch Jesaja erhob der Ewige Seine Stimme machtvoll gegen Schlachtopfer und Götzentum • Jesaja kündigte das Kommen des Messias und das Friedensreich an • Jesus, der Christus, lehrte den freien Geist - ohne Dogmen, Kulte, Zermonien • Der Ewige kündigte einen Bund mit den Tieren an - die institutionellen Kirchen opfern weiterhin Seine Geschöpfe • Sein Wort durch die Gesandte Gottes - Gabriele • „Wie im Himmel, so auf Erden" - der Einheitsgedanke für ein neues Menschentum • u.v.a.m.

80 S., kart., Best.-Nr. S 465. ISBN 978-3-89201-353-2. Euro 8,90

Das ist Mein Wort
A und Ω
Das Evangelium Jesu
Die Christus-Offenbarung, welche inzwischen die wahren Christen in aller Welt kennen

Vieles, was Jesus lehrte, blieb den Menschen verborgen, denn in der heutigen Bibel steht nur, was Hieronymus (383) in die Evangelien aufnehmen durfte. In dem göttlichen Offenbarungswerk „Das ist Mein Wort" lesen wir von Christus selbst die Wahrheit über Sein Leben, Denken und Wirken; vieles, was in den herkömmlichen Schriften fehlt oder missverständlich wiedergegeben ist, wird erläutert. Eine verheißungsvolle und aufrüttelnde Botschaft!

Aus dem Inhalt:

Kindheit und Jugend Jesu • Die Verfälschung der Lehre des Jesus von Nazareth in den vergangenen 2000 Jahren • Sinn und Zweck des Erdenlebens • Jesus lehrte über das Gesetz von Ursache und Wirkung • Voraussetzungen für die Heilung des Leibes • Jesus lehrt über die Ehe • Die Bergpredigt • Vom Wesen Gottes • Gott zürnt und straft nicht • Die Lehre der „ewigen Verdammnis" ist eine Verhöhnung Gottes • Jesus entlarvt Schriftgelehrte und Pharisäer als Heuchler • Jesus liebte die Tiere und setzte sich immer für sie ein • Über Tod, Reinkarnation und Leben • Gleichstellung von Mann und Frau • Die wahre Bedeutung der Erlösertat Christi ... und vieles andere mehr.

Mit einer Audio-CD der Originalaufzeichnung eines Göttlichen Prophetischen Heilens, einer Botschaft aus dem All, gegeben durch Gabriele; außerdem die kurze Autobiographie von Gabriele, inklusive Kohlezeichnung.

1128 S., geb., Best.-Nr. S 007. ISBN 978-3-89201-271-9. Euro 19,80

Auch als Hörbuch:
komplett auf 3 MP3-CDs

35 Stunden, 1970 MB. Jedes Kapitel einzeln anwählbar.

Best.-Nr. D 811. ISBN 978-3-89201-251-1. Euro 19,80

Lesen Sie auch ...

Die Botschaft aus dem All
Gottesprophetie heute - Nicht das Bibelwort

Die Botschaften aus dem All enthalten Antworten auf die Grundfragen des Menschen: über Sinn und Zweck des Erdenlebens, über die Unsterblichkeit der Seele und ihre Reinkarnation in mehreren Erdenleben; auch von großen Katastrophen ist die Rede, die eine Menschheit treffen, die weiterhin die Mutter Erde schändet, Natur und Tiere malträtiert und untereinander Krieg führt. Gott hat rechtzeitig gewarnt ... Lesen Sie selbst die Botschaften aus dem All, gegeben durch Gabriele, die Prophetin und Botschafterin Gottes in unserer Zeit.

Band 1 *

Aus dem Inhalt:
„Ich Bin der Gott der Liebe! Die Erde ruft Mich, den Schöpfer, um Erbarmen." - „Wer Mich kennt, der geht an Meiner Hand." - „Lass werden, was in den Himmeln ist." - „Die Welt spricht von Frieden. Wo ist der Friede?" - „Spürt Mich gegenwärtig in euch", u.v.a.m.

272 S., geb., Best.-Nr. S 137
ISBN 978-3-89201-126-2
Euro 18,00

Band 2 *

Aus dem Inhalt:
„Das Barometer Natur zeigt auf, wo die Menschheit steht." - „Ich strahle euch Mein Licht zu, auf dass ihr euch zum Lichte hin verändert." - „Gott, die große Liebe, wohnt in deiner Seele. Möchtest du einen Funken der Gottes- und Nächstenliebe entfalten?" u.v.a.m.

264 S., geb., Best.-Nr. S 138
ISBN 978-3-89201-196-5
Euro 18,00

Band 3

Aus dem Inhalt:
„Lebt gegenwärtig - dann steht ihr in Kommunikation mit den erhaltenden, göttlichen Lebensenergien." - „Kehre ein in den Seelengrund, denn der Seelengrund Bin Ich." - „Höret die Stimme des Alls, und erwachet in Mir! Ich Bin der Friede." - „Aktiver Glaube: Tue es!" - „Lernt, die Selbstheilungskräfte zu aktivieren; so mancher wird es noch sehr gebrauchen", u.v.a.m.

264 S., geb., Best.-Nr. S 141
ISBN 978-3-89201-256-6
Euro 18,00

* Früher erschienen unter dem Titel:
Der Allgeist, GOTT, spricht unmittelbar durch Seine Prophetin in unsere Zeit hinein. Er spricht nicht das Bibelwort.

Gabriele

Der Weg
des Vergessens

Der Mikrokosmos
im Makrokosmos

"Die Seele lebt in einer anderen Dimension, die feinerstofflich ist. Doch auch die Gewohnheiten, die sie sich als Mensch angeeignet hat, behält sie lange bei. Jegliches Tun ist Energie und wird im Makrokosmos gespeichert. Alles, was zum Menschen gehört, zur dreidimensionalen Welt, nimmt die Seele mit in die andere Welt, in das Jenseits - und muss sie ablegen auf dem Weg des Vergessens ..."
Dieses Werk von Gabriele erläutert Zusammenhänge und Abläufe des Lebens, die zumeist noch unbekannt sind - doch entscheidend für die Bedeutung unserer Erdentage.

104 S., geb., Best.-Nr. S 348. ISBN 978-3-89201-330-3. **Euro 14,90**

Als Hörbuch:

2 CDs, Best.-Nr. D 815. ISBN 978-3-89201-341-9. Euro 12,90

Das Leben
mit unseren Tiergeschwistern

Du, das Tier -
Du, der Mensch

Wer hat höhere Werte?

Ein grundlegendes göttliches Offenbarungswerk über die rechte Art, mit Tieren umzugehen. Außerdem: Über die Kommunikation der Tiere und Wesen untereinander; über die Möglichkeiten, als Menschen mit den Tieren zu kommunizieren; über die unsichtbaren Helfer auf der Erde: die Naturwesen; über die Hintergründe, warum ein Tier uns angreift; Ratschläge für die Ernährung der Tiere und die Gestaltung ihres Tagesablaufs; über die Neue Zeit, das neue Leben in der Verbindung mit Tieren, Pflanzen und Mineralien, u.v.a.m.

176 S., kart., mit Farbfotos. Best.-Nr. S 133. ISBN 978-3-89201-227-6. Euro 9,50

Gratis-Broschüren

* Lebensperlen für Sie

* Sie sind nicht allein

* Sie leben ewig -
  es gibt keinen Tod

* Erfülltes Leben bis ins hohe Alter

* Hilfe für Kranke und Leidende

* Reinkarnation

* Die Bergpredigt - der Weg
  zu einem erfüllten Leben

* Das ewige Wort für die
  Gegenwart und die Zukunft -
  Auszüge aus dem Offenbarungs-
  werk „Das ist Mein Wort"

* Jesus und die Tiere

* Lass nicht los

Gerne übersenden wir Ihnen das Gesamtverzeichnis
aller Bücher, CDs und DVDs sowie Gratis-Broschüren
und Leseproben zu verschiedenen Themen.

Gabriele-Verlag Das Wort

Der freie universale Geist ist
die Lehre der Gottes- und Nächstenliebe
an Mensch, Natur und Tieren

Max-Braun-Str. 2, 97828 Marktheidenfeld
Tel. 09391/504135. Fax 09391/504133
www.gabriele-verlag.de